John Selby

Zum Meister geboren

John Selby

Zum Meister geboren

Der Weg zur Vollkommenheit im täglichen Leben

BAUER TON-BÜCHEREI

im Verlag Hermann Bauer
Freiburg im Breisgau

CIP Titelaufnahme der Deutschen Bibliothek

Selby, John
Zum Meister geboren : der Weg zur Vollkommenheit im täglichen Leben / John Selby. [Aus e. amerikan. Ms. ins Dt. übers. von Ditte König und Giovanni Bandini]. – Freiburg im Breisgau: Bauer, 1989
(Bauer-Tonbücherei)
ISBN 3-7626-5609-6

Aus einem amerikanischen Manuskript ins Deutsche übersetzt von Ditte König und Giovanni Bandini, Gaiberg.

Umschlaggestaltung: Atelier Tiefenthaler, Wien.

1989
ISBN 3-7626-5609-6

Satz: Teamsatz Sachs & Partner, Neudrossenfeld.
Druck: Poppen & Ortmann, Freiburg im Breisgau.
Bindung: Walter Verlag, Buchbinderei, Heitersheim.
Printed in Germany.

Inhalt

Einleitung

Wir neigen heutzutage dazu, den Begriff der Meisterschaft in einem sehr spezialisierten und begrenzten Sinne zu gebrauchen, indem wir ihn etwa zur Bezeichnung einiger weniger außergewöhnlicher spiritueller Führer, einzelner großer Musiker, Künstler oder Schriftsteller verwenden. Wir kennen Regional-, Landes- und deutsche Meister, Europa- und gar Weltmeister in den verschiedensten Sportarten, doch verstehen wir darunter eher einen zeitlich begrenzten, vorübergehenden Zustand als eine wesentliche Eigenschaft des Trägers dieses Titels; und wenn auch jedem von uns der »Bäckermeister«, der »Fleischer-«, »Schreiner-« oder »Malermeister« vertraut sind, wären wir vermutlich nur in selteneren Fällen dazu bereit, einem solchen Handwerker wirkliche Meisterschaft in seinem Fach zuzugestehen.

In der folgenden Erörterung möchte ich mich allerdings mit derjenigen Art von Meisterschaft auseinandersetzen, die – auch wenn wir es in unserem jeweiligen Beruf nicht zu Ruhm und Ehren gebracht haben sollten – in jedem von uns schlummert. Ich möchte den Begriff der Meisterschaft insoweit ausdehnen, daß er *jede* geistige oder körperliche Aktivität umfaßt, die wir mit Anmut, Sicherheit, Vergnügen und Vollkommenheit ausführen.

Immer dann, wenn unser Rhythmus einfach »stimmt«, wenn wir uns ganz auf der Höhe und im Einklang mit unserem inneren Selbst fühlen, wenn unsere Aufmerksamkeit vollkommen auf den gegenwärtigen Augenblick und die Tätigkeit, die wir gerade ausführen, gerichtet ist: Genau in dem Augenblick –

ob wir gerade Abfälle in die Mülltonne kippen, einen geliebten Menschen zum Abschied küssen oder einen Nagel in die Wand schlagen – können wir es darin auch zur Meisterschaft bringen.

»Meisterschaft« ist natürlich ein weites Feld. Man könnte Tausende von Seiten über die philosophischen und theologischen Aspekte dieser besonderen menschlichen Eigenschaft schreiben, ohne zu einem wirklich umfassenden Verständnis der Rolle zu gelangen, die sie zu allen Zeiten beim Aufstieg und oft auch beim Niedergang der verschiedensten Kulturen gespielt hat.

Doch mit diesem Buch ziele ich genau in die entgegengesetzte Richtung: fort vom »bedeutend Allgemeinen« und hin zur konkreten persönlichen Erfahrung, die jeder von uns macht, wenn er sich in den Geist der Meisterschaft einstimmt. Wie wir alle wissen, findet ein wirklicher Lernprozeß *dann* statt, wenn wir etwas Neues erfahren, nicht aber, wenn wir einfach nur darüber lesen. Aus diesem Grunde werde ich Ihnen immer wieder vorschlagen, das Buch für einige Augenblicke beiseite zu legen und Ihre volle Aufmerksamkeit bewußt nach innen zu richten – auf eigene Erinnerungen, Empfindungen und Auffassungen sowie auf bestimmte einfache Techniken und Übungen, die Sie unmittelbar in einen engeren Kontakt mit Ihrem »Meisterschaftspotential« setzen werden. Auf diese Weise kann ich Sie ebenso durch den ganzen Prozeß führen, wie wenn Sie als Klient in meiner Praxis wären.

Wir werden beispielsweise aus einer Reihe verschiedener Blickwinkel in Ihre Kindheit zurückschauen und Ihnen dadurch die Gelegenheit geben, jene Erfahrungen selbst herauszufinden, die Ihre gegenwärtigen Gefühle in bezug auf Ihr eigenes Meisterschaftspotential mitgeprägt haben. So können Sie aktiv darangehen, Ihr entsprechendes Selbstbild zu erweitern und sich von überkommenen Hemmungen und Zweifeln hinsichtlich Ihres Vermögens zu meisterhaftem Handeln zu befreien.

Wir werden außerdem in nahezu jedem neuen Kapitel weitere Methoden kennenlernen und ausprobieren, mit deren Hilfe Sie sich rascher in den bestimmten Bewußtseinszustand versetzen können, der – was immer Sie gerade tun mögen – eine meisterhafte Leistung ermöglicht. Sowohl viele zeitgenössische psychologische und therapeutische »Schulen« als auch die alten spirituellen Überlieferungen auf der ganzen Welt kennen sehr wirkungsvolle Techniken, um den Geist der Meisterschaft in uns zu erwecken. Ich hoffe, es wird mir gelingen, Ihnen diese Techniken in einer für Sie angenehmen, anregenden und befriedigenden Weise zu vermitteln.

Wie ich bereits angedeutet habe, hängt Meisterschaft völlig von dem bestimmten Bewußtseinszustand ab, in welchem Sie eine (geistige oder körperliche) Aufgabe durchführen. Wenn ich vom »Geist der Meisterschaft« spreche, meine ich damit ganz gewiß keine okkulte Wesenheit, die über Sie käme und Besitz von Ihnen ergriffe – ich meine vielmehr ein einzigartiges Gefühl, welches plötzlich Ihr ganzes Wesen erfüllt, Sie in vollkommene Harmonie mit dem gegenwärtigen Augenblick bringt und es Ihnen dadurch ermöglicht, Ihr Denken oder Handeln mit Anmut, innerer Sicherheit, emotionaler Ruhe und Freude sowie mit der größten körperlichen Präzision auszuführen.

Sie haben dieses Gefühl natürlich schon unzählige Male selbst erlebt: Gelegenheiten, bei denen sich all Ihre Bewegungen, all Ihre inneren Empfindungen und Gedanken und Ihre geistige Bewußtheit plötzlich in eine harmonische Einheit ausdehnen; eine Einheit, die Ihnen wenigstens ein paar Augenblicke lang das Gefühl schenkt, in völligem Einklang mit Ihrer gesamten Umgebung zu stehen. Wenn weltliche Situationen und Tätigkeiten sich so mit einem Male zu einer Offenbarung vollkommener Anmut und Harmonie verklären, empfindet es fast jeder von uns als eine Gnade, in diesen außergewöhnlichen Zustand geraten zu sein – und wünscht, es wäre möglich, diesen Geist der Meisterschaft ständig, in jedem einzelnen Augenblick zu erfahren.

Die wahren spirituellen Meister – die übrigens nur in den seltensten Fällen als solche erkannt und bezeichnet werden – sind eben Menschen, die diese letzte und höchste Aufgabe gemeistert haben: Sie sind imstande, ununterbrochen, oder wenigstens weit häufiger und länger als wir, in diesem Geist der Meisterschaft zu bleiben. Sie haben die Vollkommenheit erreicht – und zwar nicht nur in einer bestimmten einzelnen olympischen Disziplin oder einer anderen körperlichen oder geistigen Fertigkeit: Sie sind vielmehr an einen Punkt gelangt, wo all ihren Handlungen – und insbesondere den einfachsten und weltlichsten – eine vollkommene Bewußtheit und Koordination zu eigen sind, die ihren Bewegungen Anmut, innere Harmonie und vollendeten Einklang mit dem gegenwärtigen Augenblick verleihen.

Eine der schönsten Eigenschaften des Menschen ist der uns allen angeborene natürliche, instinktive Drang, jede neue Aufgabe, die sich uns stellt, zu meistern. Kleine Kinder offenbaren einen erstaunlichen, schier unersättlichen Trieb, all die vielfältigen elementaren Bewegungen und Laute, Gedanken und Gefühle zu erlernen, deren Beherrschung es ihnen ermöglicht, auf diesem Planeten zu überleben und zu gedeihen. Ohne diesen natürlichen Lerntrieb – diesen Drang, möglichst jede Situation zu meistern – würde die Gattung Mensch ganz einfach aufhören zu existieren.

Doch dieses spontane Streben nach Meisterschaft ist höchst anfällig für traumatische Erfahrungen und sonstige Störungen, wie sie zwangsläufig mit den Jahren auf uns zukommen: Kritik, das Fehlen geeigneter Lehrer, die dadurch bedingte Entstehung eines beschränkten, negativen Selbstbildes. Jede neue Herausforderung, der sich das Kind stellt, setzt es auch der Gefahr aus, verletzt zu werden – wodurch sein Geist der Meisterschaft, anstatt gefördert zu werden, tatsächlich mehr und mehr verkümmert.

Wir alle erlitten auf unserem Weg zum Erwachsenenalter seelische Schäden dieser Art – selbst, wenn wir die besten Eltern und Lehrer gehabt haben sollten. So ist nun einmal das Leben: Wir wachsen, so gut es eben geht – und müssen anschließend als Erwachsene lernen, die Dellen an unserer Persönlichkeit wieder auszubeulen, um im Laufe unseres Lebens in immer tiefere Bereiche der Meisterschaft vordringen zu können.

Ich würde mich freuen, wenn sich dieses Buch als ein nützliches Hilfsmittel bei diesen Bemühungen erwiese: als ein Handbuch, das Sie ein Leben lang bei der Aufarbeitung alter Hemmungen begleitet und Ihnen dabei hilft, sich allmählich immer weiter zu entwickeln und jede Tätigkeit, die Sie erstreben, immer besser und besser zu beherrschen.

Eines dürfen Sie allerdings nie vergessen: Meisterschaft ist kein »höchstes Ziel«, das irgendwo in der Zukunft auf Sie wartet; sie ist eine besondere Stimmung, in die Sie sich immer im gegenwärtigen Augenblick versetzen können. Wahre Meisterschaft hat nichts mit Rivalität zu tun – der wahre Meister betrachtet andere, die sich mit der jeweils selben Sache befassen, nicht als Konkurrenten. In vielen Bereichen kann ein Kräftemessen sicher den positiven Zweck erfüllen, Sie zu einer Leistungssteigerung anzuspornen; doch letztlich ist der Geist der Meisterschaft seinem Wesen nach jenseits aller Konkurrenz – er ist genau hier, genau jetzt, im nächsten Gedanken oder der nächsten Tat, die Sie hier und jetzt erfahren! Gleichgültig, wie »gut« Sie in irgendeiner Hinsicht gerade sind: Sie können auf genau diesem Ihrem Leistungsniveau wie ein Meister handeln und damit Ihre ganz alltäglichen Empfindungen und Bewegungen in eine schöne, kraftvolle Tätigkeit verwandeln.

Wir alle sind Meister – wenn wir uns nur die grundlegende Fertigkeit aneignen, den in uns schlummernden Geist der Meisterschaft zu erwecken. Wir sind besonders *dann* Meister, wenn wir diesen Geist in unseren Mitmenschen zu fördern trachten. Anstatt danach zu streben, unsere Freunde zu übertreffen, sollten wir uns gegenseitig dabei helfen, gemeinsam ein höheres Leistungsniveau zu erreichen! *Das* ist der Geist, in dem wahrhaft große Gemeinschaften, Staaten und Planeten entstehen.

Indem wir uns auf die Diskussion um das Wesen der persönlichen Meisterschaft einlassen, werden wir unmittelbar mit einer der wichtigsten menschlichen Fragen überhaupt konfrontiert. In den zwölf Kapiteln dieses Buches möchte ich Ihnen sowohl persönliche Einsichten und Techniken, die ich in meiner therapeutischen Praxis anwende, als auch spirituelle Erkenntnisse und Meditationsübungen vermitteln, die ich »unterwegs« von zahlreichen Meistern empfangen habe. Im Verlaufe dieses Prozesses, durch den Sie Ihren eigenen Geist der Meisterschaft besser und inniger kennenlernen sollen, werden Sie – wie ich hoffe – zugleich allmählich lernen, diesen gleichen Geist auch in anderen Menschen zu erkennen. Das wird es Ihnen stets ermöglichen, Lehrer zu finden, die Ihnen auf Ihrem Weg weiterhelfen können. Ebenso werden Sie selbst anderen als Lehrer dienen, die das von Ihnen lernen möchten, was Sie bis dahin schon beherrschen.

Schließlich möchte ich Sie gleich anfangs darauf hinweisen, daß der Weg der Meisterschaft unter keinen Umständen zu einer freudlosen, stur-disziplinierten Plackerei ausarten sollte. Dieser Weg ist ganz im Gegenteil ein Prozeß andauernder Freude – wie hart Sie dabei auch um Fortschritte ringen mögen.

Die wirklichen Meister sind diejenigen, die – im Wissen, daß es auf diesem Weg kein letztes Ziel gibt und daß jeder Erfolg nur zu einer weiteren Herausforderung führt – jeden einzelnen Schritt vollkommen auskosten: Es ist von größter Bedeutung, daß Sie den Weg genießen!

Kapitel 1

Bevor Sie überhaupt irgend etwas konnten

Wenn wir daran denken, uns etwas Neues anzueignen – sei es ein Strickmuster oder ein Tanz, ein Computerprogramm oder ein altes Mantra –, denken wir natürlich zuerst an die bestimmten Bewegungen und Verrichtungen, die wir erlernen müssen, um die betreffende neue Tätigkeit meisterhaft ausführen zu können. Es ist klar, daß die Beherrschung der meisten Dinge im Leben über verstandesmäßig faßbare, konkrete Schritte erfolgt. Dementsprechend wichtig ist eine schnelle Auffassungsgabe, mit deren Hilfe wir nötige Handgriffe, Methoden und Techniken begreifen und anwenden lernen.

Ich weise aber gleich zu Anfang auf die zentrale Rolle hin, die unser genetisches Erbe, die nicht-erworbenen Instinkte, bei der Bewältigung jeder neuen Aufgabe spielen. Der Beherrschungstrieb – der Drang zu meistern – ist uns buchstäblich angeboren. Unser Verstand kann uns dabei helfen, die bestimmten zur Durchführung der jeweiligen Aufgabe nötigen Bewegungen und Denkprozesse zu erlernen; doch solange wir nicht aus dem instinktiven Geist in uns schöpfen, der uns über die bloße Technik hinaus zur wahren Vollkommenheit eines Handelns führt, werden wir es darin nie zur Meisterschaft bringen.

Schon als neugeborene Babys wurden wir von verschiedenen Instinkten dazu getrieben, uns die allerersten Laute und Bewegungen anzueignen, deren Beherrschung unser Überleben gewährleisten würde. Denken Sie doch einmal darüber nach, ob es irgend etwas gab, das Sie bereits unmittelbar nach Ihrer Geburt – wenn auch nur halbwegs – zu tun vermochten.

Wir neigen dazu, uns Säuglinge als vollkommen hilflose kleine Wesen vorzustellen, die völlig außerstande sind, irgend etwas selbsttätig zu leisten. Gerade wieder Vater geworden, kann ich allerdings aus eigener Anschauung bezeugen, daß Babys ganz im Gegenteil von ihrem ersten Augenblick an sehr aktiv danach streben, aller »Aufgaben«, die sich ihnen stellen, möglichst schnell Herr zu werden.

So eignet sich ein Neugeborenes sehr rasch eine äußerst wirkungsvolle Technik an, mittels derer es – wann immer es hungrig ist, sich unbehaglich fühlt oder ganz einfach nur etwas Gesellschaft möchte – seine liebende Dienerschaft herbeirufen kann. Als Erwachsene beherrschen wir ein ganzes Sortiment an sehr komplexen Handlungsweisen, durch die wir uns die Nahrung, die wir benötigen, die Behaglichkeit, nach der wir uns sehnen, und die Gesellschaft, die wir uns vielleicht wünschen, verschaffen können. Säuglinge vollführen eine einzige Tätigkeit, die denselben Zwecken dient – und sie sind wahre Meister darin. Sie setzen ihre Stimmbänder in einer Weise ein, die ihre Umwelt zu fast augenblicklichen Reaktionen veranlaßt. Diese Aneignung und zunehmende Beherrschung immer komplexerer Laute ist ganz gewiß eine der über die Jahre fortgesetzten Meisterleistungen, an der wir alle seit frühester Kindheit unsere Kräfte erprobt haben und es – bei unseren Bemühungen, uns neue Dimensionen der Kommunikation zu erschließen und anzueignen – auch heute noch tun.

Vom ersten Anfang an war jeder von uns eifrig mit dem fortgesetzten Prozeß der Vervollkommnung seiner stimmlichen Fähigkeiten beschäftigt. Es gab noch eine andere Leistung, die wir sehr schnell von einem instinktiven Potential in eine meisterhafte Aktivität verwandelten: Wir experimentierten immer und immer wieder mit unserer Fertigkeit, mittels einer höchst komplizierten Muskeltätigkeit ein Vakuum in unserer Mundhöhle und Kehle zu erzeugen und dadurch jene wichtige Flüssigkeit in uns einzusaugen, ohne die wir sehr schnell gestorben wären.

Tagelang habe ich meinem Sohn bei der Erforschung seiner Saugfähigkeit zugeschaut, habe mitverfolgt, wie er sich nach und nach in der Kunst vervollkommnete, seine tägliche Nahrung zu erhalten. Ich meine, daß er es nicht nur zu einer ziemlichen Meisterschaft darin gebracht hat, sondern auch eine gewisse Befriedigung über seine Fähigkeit zu verspüren scheint, sich selbst vom mütterlichen Zapfhahn zu bedienen.

Wir haben also einen Meister in Windeln. Jeder von uns ist vermutlich – auf dieser elementaren Ebene – ein Meister in Windeln gewesen. Und dennoch: Denken wir an uns selbst als Säuglinge, sehen wir uns meist als hilflose, völlig passive pflegebedürftige Wesen – ganz auf die Betreuung durch unsere Eltern angewiesen und zu keiner noch so geringen eigenen Leistung fähig. Schauen Sie wieder in Ihre Vergangenheit zurück und versuchen Sie festzustellen, wie Sie sich in dieser Hinsicht selbst als Baby sehen.

Es läßt sich allerdings nicht leugnen, daß die Kleinen in vielerlei Hinsicht *wirklich* noch hilflos und ganz außerstande sind, selbst die elementarsten menschlichen Tätigkeiten wie Laufen oder Krabbeln zu verrichten - und aus diesem Grunde auch unser tiefes Mitgefühl verdienen. Oft erscheint ein frustrierter Ausdruck auf dem Gesicht meines jüngeren Sohnes, während er völlig planlose Bewegungen mit Armen und Beinen veranstaltet – so, als ob er trotz der eigenen völligen Unfähigkeit wüßte, daß es seinem Körper *doch* irgendwie möglich sein muß, sich koordiniert zu bewegen.

Dieses Gefühl befällt jeden von uns, wenn wir uns das erste Mal daranmachen, etwas völlig Neues zu erlernen. Wir fühlen uns dann ebenso ungeschickt, frustriert und hilflos wie ehedem als Säugling bei unseren allerersten Versuchen, uns »eigenhändig zu bewegen«.

Vor kurzem beschloß ein Freund von mir, mit vierzig Jahren noch Slide-guitar spielen zu lernen. Da ich sozusagen mit diesem Instrument aufgewachsen war, bot ich mich ihm als Lehrer an. Dieser Freund ist ein Meister im Erstellen von Computerprogrammen und allgemein ein Genie in Sachen Elektronik, doch er hatte sein Leben lang noch keine Gitarre in der Hand gehabt. Ich reichte ihm das Plektrum, und er ließ es fallen. Er hob es wieder auf und schrappte ein paarmal über die Saiten, aber seine Bewegungen waren hölzern und unkoordiniert, und er fühlte sich augenblicklich verkrampft, in seinem Bemühen frustriert und völlig inkompetent.

Dann gab ich ihm das Metallrohr, das man mit der linken Hand über die Saiten gleiten läßt, um das typische Glissando der Slide-guitar zu erzeugen. Er knallte es ungeschickt gegen das Griffbrett und produzierte damit ein klirrendes Geschepper, das keinerlei Ähnlichkeit mit der lieblich gleitenden Musik aufwies, die er im Sinne gehabt hatte. Er versuchte zuerst, einfach »ins Wasser zu springen« und drauflos zu spielen – so, wie ich es ihm einige Minuten zuvor vorgeführt hatte. Da er ein Meister auf so vielen Gebieten war, glaubte er wohl, er könne auch sofort ebensogut Slide-guitar spielen.

Es war für meinen Freund ganz lehrreich – so wie ein Baby, das Krabbeln lernt -, erst einmal ein bißchen herumzuklimpern und auf eigene Faust herauszufinden, welcher Muskel welche musikalische Wirkung zu zeitigen schien. Doch dann kam für mich der Augenblick, ihm eine ganz einfache Übung zu zeigen, mit deren Beherrschung er einen ersten Grundstein zur höchsten Vollendung des Gitarrenspiels legen könnte.

Das ist ein wesentlicher Aspekt jeder Art von Meisterschaft, den viele von uns außer acht lassen, wenn sie etwas Neues in Angriff nehmen: Wir vergessen einfach das schöne Sprichwort »Übung macht den Meister« und versuchen, die Niederungen der erforderlichen Lehrjahre, -monate oder -tage mit einem Satz zu überspringen – anstatt unseren Status als blutiger Anfänger zu akzeptieren und zu schauen, was der allererste Schritt für uns wäre.

Bei näherer Betrachtung ist Meisterschaft kein Riesenschritt, der uns übergangslos vom Laufställchen zur olympischen Goldmedaille im Marathonlauf brächte. Ihr Wesen liegt ganz im Gegenteil in der Vervollkommnung jedes einzelnen Schrittes auf dem Weg zur vollendeten Meisterschaft. Deswegen stellt die Meisterung der Kunst, sich die Schuhe selbst zuzubinden, für ein kleines Kind eine so wesentliche Stufe der Vollendung dar: Sie leitet in seinem Leben zu einer weiteren über – etwa zu der Fähigkeit, Seemannsknoten zu knüpfen, und kann schließlich sogar in der meisterhaften handwerklichen Kunst gipfeln, mit der ein Chirurg seine Nähte verknotet.

Versuchen Sie sich einmal zu erinnern, ob Sie in letzter Zeit angefangen haben, etwas für Sie völlig Neues zu lernen. Sind Sie ein Mensch, der sich – aus Angst, sich wie ein unmündiges und hilfloses Kind zu fühlen – davor scheut, etwas Neues zu versuchen? Oder sind Sie jemand, der immer wieder neue Herausforderungen annimmt und es genießt, zum Anfang des Lernprozesses zurückzukehren und jedesmal wieder ganz von vorn zu beginnen?

Wenn wir anfangen, etwas für uns Neues zu lernen, können wir von drei verschiedenen Seiten Hilfe empfangen. Zuerst einmal helfen uns – wie wir am Beispiel des neugeborenen Säuglings sahen – unsere instinktiven Programmierungen auf die Sprünge. So besitzen wir beispielsweise starke genetische Anlagen zum Laufen und Sprechen- die grundsätzliche Fähigkeit zu diesen zwei Tätigkeiten ist uns also angeboren. Unsere körperliche Koordination – unser Vermögen zu willentlichen Muskelbewegungen, das bei so vielen Herausforderungen, die das Leben an uns stellt, über Erfolg oder Scheitern entscheidet – ist gleichfalls angeboren: ein sehr umfangreiches und komplexes genetisches Potential, auf das wir immer wieder zurückgreifen und das uns die stetige Entwicklung von der Wiege bis zum mehr oder weniger gewandten Tanzschritt auf dem glatten Parkettboden des Lebens ermöglicht. Und stünden uns diese genetischen Programme nicht jederzeit zu augenblicklicher Verfügung, könnten wir uns nicht *eine* körperliche Leistung aneignen: Wir blieben zeit unseres Lebens auf der Stufe, auf der sich mein kleiner Sohn gerade befindet – nicht einmal imstande, uns auf den Bauch zu rollen oder nach etwas zu greifen, das wir zum Leben benötigen.

Doch das menschliche Leben übersteigt in seiner Komplexität die Möglichkeiten genetischer Vorprogrammierung bei weitem. Unsere Instinkte können uns bis zu einem gewissen Punkt ganz hervorragend dienen. Schon bald aber muß das Kind zwangsläufig beginnen, die Menschen in seiner Umgebung, die das, was es sich aneignen will, bereits beherrschen, zu beobachten und aktiv nachzuahmen. Der menschliche Nachahmungstrieb als solcher ist natürlich auch ein Instinkt. Doch auf jeden konkreten Fall bezogen und in die Tat umgesetzt, wird er zu einer vollkommen eigenen, anderen Art menschlichen Verhaltens: Dieser qualitative Sprung von genetischer Programmierung zu erlernter Nachahmung ist ein ganz fundamentaler Wendepunkt und Grundstein in der Entwicklung des menschlichen Lebens.

So ist es auch mit dem Weg zur Meisterschaft: Zuerst beobachten wir, wie jemand etwas tut. Dann probieren wir aus, ob wir imstande sind, mit unseren Muskeln oder unserem Geist etwas Ähnliches zu bewirken. Bei vielen Menschen ist diese wichtige Kunst der Nachahmung nur schwach ausgebildet, und so versagen sie jedesmal wieder, wenn sie sich vornehmen, etwas Neues zu erlernen.

Wie ist es mit Ihnen? Gelingt es Ihnen relativ mühelos, etwas nachzuahmen, was Sie bei einem anderen Menschen gesehen haben? Oder könnten Sie sich vorstellen, daß einige gezielte Veränderungen Ihrer diesbezüglichen Gewohnheiten für Sie von Nutzen sein könnten?

Gönnen Sie sich jetzt ein paar Augenblicke Zeit – legen Sie vielleicht das Buch beiseite – und reflektieren Sie über diesen bestimmten Aspekt der Meisterschaft.

Wir besitzen einmal unsere instinktiven Programme, zum anderen nachahmbare Vorbilder in Form von Menschen und Dingen in unserer Umgebung. Noch ein drittes kann uns aber bei unseren Bestrebungen helfen, neue Aufgaben zu meistern: unsere vergangenen Erfahrungen und Gewohnheiten, etwas Neues in Angriff zu nehmen. Wenn wir bereits aus vielen Erfahrungen gelernt haben, was die beste – das heißt leichteste und erfolgversprechendste – Verfahrensweise ist, etwas Neues zu beginnen, werden wir auch in sehr kurzer Zeit und auf angenehme Weise zur Meisterschaft gelangen. Haben wir uns dagegen nur unzulängliche Lernmethoden angeeignet, werden wir bei jedem neuen Schritt, den wir im Leben versuchen, mit ernsthaften Schwierigkeiten und Enttäuschungen zu kämpfen haben.

Schauen Sie jetzt einmal, was passiert, wenn Sie – als Abschluß dieses ersten Kapitels – das Buch wieder beiseite legen und Ihren Geist ganz zwanglos in Ihre ersten Lebensjahre zurückkehren lassen. Stellen Sie fest, was für Erinnerungen und Bilder in Ihr Bewußtsein aufsteigen, wenn Sie sich fragen, ob Sie damals neue Aufgaben mit Leichtigkeit meisterten – oder ob es Ihnen schwerfiel, sich etwas Neues anzueignen.

Kapitel 2

Frühe Erfolge und Enttäuschungen

So geschah es, daß Sie lernten, auf Ihren eigenen zwei Füßen zu stehen, ohne umzukippen, und ebendiese Füße so meisterhaft einzusetzen, daß Sie kreuz und quer laufen konnten, ohne allzuoft auf die Nase zu fallen. Herzlichen Glückwunsch! Was meinen Sie: Ob es Ihnen gelingt, sich an den plötzlichen Schub stolzer Befriedigung zu erinnern, der Sie damals durchströmte, als es Ihnen zum ersten Male gelang, zwei drei Schrittchen zu laufen – bevor Sie hinfielen? Wie Sie dann zum ersten Male durch das ganze Zimmer taperten – vielleicht Mama oder Papa entgegen? Können Sie sich noch erinnern, wie Sie schier zu fliegen meinten, als Sie schließlich auch den schnellen Gang entdeckten?

In diesem Kapitel möchte ich Sie in Ihre Vergangenheit zurückführen. Ich möchte Sie in die Lage versetzen, sich so klar wie möglich und so ehrlich wie möglich nicht nur an erste Erfolgserlebnisse und Enttäuschungen, sondern auch an diejenigen Menschen zu erinnern, die eine wichtige Rolle in diesem Zusammenhang gespielt haben – Sie gelehrt, Sie ermutigt und in einzelnen Fällen auch Ihre Entwicklung zur Meisterschaft gehemmt und unterdrückt haben.

Um Sie in die Vergangenheit zurückzuversetzen, werde ich Ihnen am besten eine sogenannte Rückführungstechnik beibringen. Wenn Sie ein Neuling auf dem Gebiet der »Zeitreisen« sind, können Sie damit Ihre ersten Erfahrungen sammeln. Die Rückführung in ein früheres Alter hat nichts mit Zauberei zu tun. Sie ist aber eine der wirkungsvollsten Methoden überhaupt, um das reflektierende Bewußtsein des eigenen bisherigen

Lebens zu vertiefen. Jeder, dem *daran* gelegen ist, sollte sich bemühen, diese Technik zu meistern.

Es gibt grundsätzlich zwei mögliche Verfahrensweisen, die Rückführung in ein früheres Alter durchzuführen: etweder systematisch, mit einem genauen Plan und Disziplin – wie man es oft unter der Leitung eines Hypnotherapeuten macht; oder eher intuitiv, auf eigene Faust und nur mit einem Minimum an Führung. Wir wollen uns für unser Vorhaben auf jeden Fall an die zweite Verfahrensweise halten. Ich werde Ihnen die grundsätzlichen Schritte beibringen, und Sie können sie dann nach Belieben üben, bis Sie den Grad an Meisterschaft erreicht haben, den Sie sich wünschen. Für den Fall, daß Sie später zusätzliche Hilfe benötigten, um in dieser Kunst *noch* besser zu werden, darf ich Sie darauf hinweisen, daß ich mehrere Bücher eigens über dieses Thema geschrieben habe.

Der erste Schritt besteht darin, zu lernen, die Aufmerksamkeit auf seine physische Gegenwart im gegenwärtigen Augenblick zu richten. Der Sinn der Sache ist, sich von allen Gedanken, die einem wahrscheinlich gerade durch den Kopf laufen, zu lösen und dadurch gleichsam in den Leerlauf zu schalten; von da aus können Sie dann den Rückwärtsgang einlegen und in die Erinnerung reisen.

Zu diesem Zweck darf ich Sie durch eine ganz elementare Meditationsübung führen, die unendliche Möglichkeiten der Vervollkommnung in sich birgt und doch bereits beim allerersten Versuch zu bewältigen ist. Während Sie diese Worte lesen, machen Sie sich gleichzeitig die Empfindung bewußt, die die ein- und ausströmende Luft bei jedem Atemzug in Ihrer Nase verursacht. Spüren Sie den sinnlichen Reiz, der Ihnen während des Atmens zu Bewußtsein kommt. Diese Übung versetzt Sie unmittelbar in das Hier-und-Jetzt.

Spüren Sie weiterhin jeden ein- und ausgehenden Atemzug als einen Luftschwall in der Nase – und werden Sie sich jetzt gleichzeitig auch aller Bewegungen bewußt, die mit jedem Ein- und Ausatmen in Ihrem Brustkorb und Unterleib stattfinden. Fühlen Sie, wie sich die Muskeln ausdehnen und wieder zusammenziehen, so daß Ihre bewußte Aufmerksamkeit tiefer in Ihren Körper einsinkt.

Sie fühlen immer noch die Luft, die mit jedem Atemzug durch Ihre Nase ein- und ausströmt, und sind sich der durch die Atmung verursachten Bewegungen in Ihrem Körper bewußt... und nun lassen Sie Ihr Bewußtsein sich weiter ausdehnen und den ganzen Körper zugleich umfassen – so, für die Dauer der nächsten vier Atemzüge.

Ich biete Ihnen diese Meditation auf den gegenwärtigen Augenblick als Aufgabe an, die Sie bewältigen sollen, indem Sie sich gleichzeitig Ihre allgemeine Beziehung zur Meisterschaft mehr und mehr bewußtmachen. Tun Sie dazu bitte folgendes: Jedesmal, wenn Sie (vier bis acht Atemzüge lang) auf Ihre Selbstwahrnehmung im Jetzt meditieren, schauen Sie, ob es Ihnen dabei gelingt, Ihre gegenwärtige Stufe der Meisterschaft zu akzeptieren und gleichzeitig zu erfahren, daß Sie gerade einen weiteren Schritt bewältigen.

Natürlich werden Sie bei jeder neuen Durchführung dieser Meditation auf den gegenwärtigen Augenblick etwas Einmaliges erfahren: Niemals können Sie zweimal dieselbe Erfahrung des gegenwärtigen Augenblicks machen, da das neue Jetzt, das Sie jeweils erfahren, noch nie zuvor stattgefunden hat. Das eben ist das Wunderbare am gegenwärtigen Augenblick, und das macht es auch verständlich, warum Meisterschaft stets etwas Dynamisches ist – immer neu und geradezu aufregend.

Gehen wir diesen grundlegenden Prozeß, mit dem Sie sich in den gegenwärtigen Augenblick versetzen, noch einmal durch. Wenn Sie andere Bücher von mir gelesen haben, werden Sie diese Technik schon kennen, da ich sie oft als eine Art allgemeines Fundament anbiete, von welchem aus man dann – abhängig von der jeweiligen bestimmten Problemstellung – in die eine oder andere Richtung weitergehen kann. Wenn Sie deshalb schon früher daran gearbeitet haben, sich in dieser Meditation bis zur Meisterschaft zu vervollkommnen, wissen Sie auch, daß dieser Prozeß kein Ende hat – daß sich in jedem neuen Augenblick, in den Sie eintreten, ganz neue Erfahrungen einstellen.

1. Fühlen Sie die Luft, wie sie durch Ihre Nase ein- und ausströmt.
2. Fühlen Sie gleichzeitig auch die von der Atmung in Ihrem Körper verursachten Bewegungen.
3. Dehnen Sie Ihre bewußte Aufmerksamkeit zwanglos aus, bis sie Ihren ganzen Körper auf einmal umfaßt.
4. Atmen Sie weiter in diesem Zustand erhöhter Aufmerksamkeit – vier oder mehr Atemzüge lang.

Diese Meditation auf den gegenwärtigen Augenblick ist deswegen eine solch wichtige Vorbereitung auf so viele mögliche Herausforderungen des Lebens, weil jedes Lernen letztlich *nur* im gegenwärtigen Augenblick stattfinden kann. Je mehr Sie sich also Ihrer selbst im gegenwärtigen Augenblick bewußt sind, desto eher lernen Sie auch, wie die jeweilige Aufgabe am schnellsten zu bewältigen ist.

So seltsam es auch auf den ersten Blick erscheinen mag: Selbst das Erlernen einer Technik zur Rückkehr in die eigene *Vergangenheit* setzt voraus, daß man sich zuerst in das Bewußtsein des eigenen Körpers im Jetzt versetzt. Der Grund ist einfach der, daß »Erinnerung« ein überaus physischer, körperlicher Vorgang ist. Wenn Sie sich beispielsweise ins Gedächtnis zurückrufen, was Sie heute vor einer Stunde gemacht haben – wie sind die tatsächlichen Erfahrungen beschaffen, die Ihnen dann zu Bewußtsein kommen und die Sie »Erinnerungen« nennen?

Halten Sie jetzt kurz inne, stimmen Sie sich für einige Atemzüge in die Meditation auf den gegenwärtigen Augenblick ein und schauen Sie zurück: Womit haben Sie sich vor einer Stunde beschäftigt?

Das, woran sich die meisten von uns erinnern, ist entweder ein optischer Eindruck dessen, was wir vor einer Stunde gesehen haben, oder die physischen und emotionalen Empfindungen in unserem Körper zu diesem Zeitpunkt. Wir können augenblicklich in Worte fassen, was wir vorhin taten; doch wenn Sie sich aufmerksam beobachten, werden Sie feststellen, daß die sprachliche Beschreibung (»vor einer Stunde habe ich das und das getan«) *sekundär* ist – daß sie aus einer ursprünglicheren Erinnerung ganz und gar körperlicher Empfindungen auftaucht.

Ich möchte Ihnen noch eine weitere »Gedächtnis-Übung« aufgeben, an der Sie Ihre Meisterschaft erproben können. Stimmen Sie sich in Ihre körperliche Gegenwart im Jetzt ein (atmen – Nase, Brust, Unterleib, ganzer Körper), dann schließen Sie die Augen für ein paar Augenblicke, während Sie genauso weiteratmen, und erinnern Sie sich daran, wie Sie letzte Nacht im Bett lagen – ganz kurz vor dem Einschlafen. Stellen Sie fest, an *was* Sie sich erinnern.

Natürlich sind wir Lebewesen mit einem Körper und einem Geist, der über die Wahrnehmungen und Erfahrungen des Körpers nachdenkt. Ich habe allerdings die Erfahrung gemacht, daß das Denken aus der Wahrnehmung hervorgeht, daß die Wahrnehmung zuerst erfolgt – das Primäre ist. Dies trifft jedenfalls auf die Erfahrung der Meisterschaft zu. Um etwas meistern oder beherrschen zu können, müssen wir etwas *tun*. Selbst wenn wir lernen, mit Symbolen umzugehen und auf höheren Ebenen der Abstraktion zu denken, ist die Grundlage der Symbole eine sinnliche Erfahrung. Wir eignen uns die allererste rechnerische

Tat – die Addition von eins und eins – dadurch an, daß wir zuerst einen Apfel erfahren, dann noch einen Apfel erfahren und schließlich die Äpfel zusammen als »zwei Äpfel« benennen. Alle künftige mathematische Meisterschaft wird auf dieser einen physischen, körperlichen, sinnlichen Erfahrung begründet sein.

Genauso verhält es sich mit der Erinnerung. Wenn wir in die Vergangenheit zurückschauen wollen – wenn wir diese unsere magische Fähigkeit abrufen wollen, eine Erfahrung neu zu durchleben, die wir gestern, letztes Jahr oder in unseren allerersten Kinderschuhen gemacht haben, dann werden wir auf der *sinnlichen* Ebene schauen müssen, denn anders werden wir es in der geistigen Tätigkeit der Reflexion kaum zur Meisterschaft bringen können.

Schauen Sie jetzt bis in Ihre Kindheit zurück und vergegenwärtigen Sie sich Ihren Vater oder allgemein eine Vatergestalt aus jener Zeit. Vergessen Sie die vorbereitenden Schritte dabei nicht: Atmung/Nase/Brust/Unterleib/ganzer Körper.

Schließen Sie die Augen, wenn es Ihre Konzentration fördert, bleiben Sie sich weiterhin – so gut Sie es einstweilen können – Ihrer Atmung und Ihres ganzen Körpers bewußt und öffnen Sie sich dann jeder sinnlichen Erinnerung, die da kommen mag und die vergangene Erfahrung Ihres Vaters oder einer Vatergestalt aus Ihrer Kindheit wiederbringt. Atmen Sie in jede beliebige Erinnerung, die sich einstellt.

Vergessen Sie bitte nicht: Es ist durchaus möglich, daß Sie ein absoluter Anfänger – ein Säugling sozusagen – in der Kunst der bewußten Vergegenwärtigung sind. Seien Sie jedesmal mit Ihrer jeweiligen Leistung zufrieden, begnügen Sie sich mit Ihrem jeweiligen Erfolg – und denken Sie daran, daß Sie bei jeder neuen Wiederholung einer solchen Expedition in die Erinnerung der Meisterschaft um einen weiteren Schritt näherkommen. Planen Sie bitte mit ein, daß Sie – um tiefer in das Zauberreich eindringen zu können, das sich Ihnen durch dieses Kapitel eröffnet – jede Übung, die ich Ihnen vorschlage, mehr oder weniger häufig werden wiederholen müssen.

Der nächste Schritt besteht darin, sich an eine bestimmte einzelne »Kunst«, die Sie als Kind gemeistert haben, zu erinnern und zu schauen, wie genau und ausführlich Sie sich den diesbezüglichen Lernprozeß vergegenwärtigen können. Seien Sie sich bitte darüber im klaren, daß Sie mehrere Anläufe – wiederholte Vergegenwärtigungen dieser bestimmten Epoche Ihres Lebens brauchen werden, bis es Ihnen gelingt, jenes frühe Erfolgserlebnis wieder in aller Deutlichkeit zu erfahren. Das ist kein Ruck-Zuck-Prozeß: Sie werden die Übung wahrscheinlich ein bis zwei Wochen lang täglich wiederholen müssen, bis Sie diese Erinnerung zu Ihrer vollen Zufriedenheit gemeistert haben.

Welcher bestimmten Aufgabe, die Sie als Kind bewältigt haben, möchten Sie Ihre Aufmerksamkeit zuwenden? Die Kunst des Schuhezubindens bietet sich natürlich an. Schauen Sie zurück und stellen Sie fest, was Ihnen diesbezüglich einfällt, nachdem Sie sich – mit geschlossenen Augen, wenn es Ihnen lieber ist – in Atmung und Körper hier im gegenwärtigen Augenblick eingestimmt haben.

Vielleicht möchten Sie sich vergegenwärtigen, wie Sie am Eßtisch saßen und versuchten, den schwierigen Übergang von Mutterbrust oder Flasche zu Löffel und Gabel zu meistern. Entspannen Sie sich und lassen Sie sich ganz zwanglos, mühelos in Ihre frühe Kindheit zurücktreiben – und schauen Sie, an welche Erfahrungen am elterlichen Eßtisch Sie sich erinnern können.

In fast jedem dieser Ausflüge in die Erinnerung kommt eine Person vor, die Ihnen gerade beibringt, wie man sich die Schuhe selbst zubindet oder mit der Gabel umgeht: Vater oder Mutter, Bruder oder Schwester – oder vielleicht auch jemand anderes, der Sie ermutigte und Ihnen zum Erfolgserlebnis verhalf oder aber im Gegenteil Sie Ihre gegenwärtige Unfähigkeit mit aller Deutlichkeit spüren ließ.

Kehren Sie wieder in die Kindheit zurück; zuerst zum Schuhezubinden, und stellen Sie fest, wer gerade bei Ihnen ist und ob dieser Mensch ein guter Lehrer ist oder ob er Sie eher dabei behindert, sich eine bestimmte neue Fähigkeit anzueignen.

Machen wir jetzt einen Sprung nach vorn, zu Erinnerungen aus der Schulzeit. Die Schule ist ja in sich ein einziger Lernprozeß zur Aneignung abstrakten, theoretischen Wissens. Mit etwas Glück fördert sie auch unsere soziale Kompetenz, unsere Fähigkeit zum Handeln in der menschlichen Gesellschaft. Wir werden mit neuen Situationen konfrontiert, zu deren Meisterung wir wachsen und unsere intellektuellen und sozialen Problemlösungsfähigkeiten vervollkommnen müssen. Gute Lehrer können uns rasch zur Bewältigung schwieriger gedanklicher Abläufe führen, weniger gute Lehrer können dagegen unser diesbezügliches Selbstbild, unser Selbstvertrauen und dementsprechend unsere Leistungen ganz erheblich beeinträchtigen.

Das vielleicht eindringlichste Beispiel dafür ist der Mathematikunterricht. Drehen Sie die Zeit zurück und vergegenwärtigen Sie sich eine Unterrichtsstunde mit Ihrem ersten Mathematiklehrer – oder dem frühesten, an den Sie sich erinnern können. Erleben Sie noch einmal die Atmosphäre im Klassenzimmer, die etwaigen Spannungen in Ihrem Körper, das unangenehme Gefühl im Magen oder Ihr ruhiges, neugieriges Interesse, die Mitschüler – und vor Ihnen: der Lehrer! Wie war das: Hat man Sie gut über die ersten Hürden der Rechenkunst geführt, oder wurden Sie irgendwie abgeschreckt, verunsichert und nachhaltig der Mathematik entfremdet? Atmen Sie, seien Sie ganz hier im Jetzt, schließen Sie die Augen und lassen Sie die Erinnerungen auf sich zukommen.

Schauen wir jetzt einmal, ob Sie sich daran erinnern können, was für eine Einstellung Sie als Teenager allgemein zum Lernen hatten. Wie beurteilten Sie damals gefühlsmäßig Ihre Fähigkeit, sich neuen Stoff anzueignen? Verfügten Sie über ein gesundes, durch positive Erfahrungen bestärktes Selbstvertrauen – oder schränkte schon damals ein entsprechend negatives Selbstbild den Glauben an Ihre Möglichkeiten zur Bewältigung neuer Aufgaben ein? Halten Sie wieder kurz inne, schließen Sie die Augen, stimmen Sie Ihren Körper in den gegenwärtigen Augenblick ein und lassen Sie Erinnerungen aus Ihrer weiteren Schulzeit an die Oberfläche Ihres Bewußtseins gelangen.

Ich habe Ihnen anhand mehrerer Beispiele vorgeführt, wie Sie in Ihre Kindheit und Jugend zurückkehren können, um dort nach den Ursprüngen Ihres heutigen Lernverhaltens zu suchen. Es handelt sich dabei um eine sehr lange Forschungsreise, die Sie in die Tiefen Ihrer Persönlichkeit führen kann. Ich hoffe, Sie werden sich regelmäßig die Zeit nehmen, entweder auf eigene Faust oder unter der Leitung der Kassettenprogramme immer wieder in Ihre Vergangenheit zu schauen und all jene frühen Erfahrungen, die Ihre späteren gewohnheitsmäßigen Einstellungen zum Lernen bestimmten, weiter zu untersuchen. Es ist eine große Herausforderung, vor die ich Sie stelle: sich die Fähigkeit anzueignen, klar und objektiv über die eigene Vergangenheit zu reflektieren!

Zum Abschluß dieses Kapitels möchte ich Ihnen noch Gelegenheit zu einer freien Meditation über Ihre Vergangenheit geben. Versetzen Sie sich vollständig in den gegenwärtigen

Augenblick und genießen Sie die relative Meisterschaft, die Sie darin bislang schon erreicht haben. Öffnen Sie sich dann der Erinnerung: Denken Sie an eine ganz beliebige Tätigkeit, die Sie in Ihrer Kindheit ausgeübt haben; vergegenwärtigen Sie sich Ihre damaligen Gefühle, als Sie darum rangen, sich dieses Können nach bestem Vermögen anzueignen; und stellen Sie fest, wer Ihnen dabei als Lehrer diente und wie gut oder schlecht diese Person ihre Aufgabe meisterte.

Kapitel 3

Die Vollkommenheit lieben lernen

Eine bestimmte Stelle in der Bergpredigt machte mir in meiner Kindheit ziemlich viel zu schaffen. Jesus sagt dort: »Darum sollt ihr vollkommen sein, gleich wie euer Vater im Himmel vollkommen ist.« (Matth. 5,48) Eine ganz schön harte Nuß, die man da einem Jungen zu knacken gibt! Meistere die schöne Kunst, so vollkommen wie Gott zu sein. Hmm.

Was soll denn das überhaupt sein – Vollkommenheit?

Vor meinem Fenster sehe ich gerade eine Wiese voller Herbstblumen, über die eine frische Brise sanft hinwegstreicht. Ich beobachte meinen Atem, nehme zugleich das visuelle Erlebnis des sich im spätnachmittäglichen Licht leicht wiegenden Grases in mich auf, und es ist keine Frage für mich, daß ich gerade etwas Vollkommenes erfahre. Geht es um Möglichkeiten der Vollkommenheit, ist die Natur mit Gewißheit unser bester Führer, denn wenn wir selbst und diese ganze Welt eine Schöpfung Gottes sind, dann muß die Natur ein auf sinnlicher Ebene wahrnehmbarer Abglanz des himmlischen Vaters sein.

Tatsächlich: Je länger ich nach der Natur der Vollkommenheit suche, desto mehr erscheint mir die Natur das beste Beispiel für Vollkommenheit zu sein. Wenn jemand etwas natürlich tut – mit einer spontanen Anmut, die frei von Selbstzweifeln und jeglicher Selbstbeurteilung ist –, dann ist seine Tätigkeit sehr oft ganz genauso vollkommen wie das Wogen des Grases vor dem Fenster meines Arbeitszimmers, hier im ländlichen New Mexico. Vollkommenheit ist kein absoluter Zustand – wenigstens dann nicht, wenn es um alltägliche Verrichtungen geht. Vollkommenheit ist eher eine bestimmte Bewußtseinsweise, die mit unseren spontanen Bewegungen zusammenfällt – mit ihnen eins wird.

Vielleicht kann ich Ihnen durch ein Beispiel verdeutlichen, wie ich es meine. Heute morgen habe ich ein paar Yogaübungen gemacht, während mein kleiner Sohn in einer jener hochmodernen Schaukelvorrichtungen lag, die uns die heutige Technologie als die vollkommene Lösung des Problems »Wie halte ich mein Baby, ohne es selbst halten zu müssen?« anbietet. Ich führte gerade eine bestimmte Yoga-Bewegung aus, die ich seit fünfundzwanzig Jahren ziemlich regelmäßig übe. Anfangs hatte sich die Bewegung absolut vollkommen angefühlt; ich war mit meinem Körper, mit meiner Atmung, mit der Luft, die mich umgab – in gewissem Sinne mit dem ganzen Universum eins gewesen. Doch dann schaltete sich mein Verstand ein und begann sofort, an der Bewegung herumzumäkeln: weil ich letztes Jahr in einer besseren Verfassung gewesen war und es geschafft hatte, mich *noch* weiter zu strecken; weil ich außerdem ein paar Jahre früher einen Auffrischungskurs bei einem Yoga-Meister gemacht hatte, der die Bewegung damals weit besser ausgeführt hatte als ich.

Plötzlich hatte sich mein seliges Gefühl von Vollkommenheit verflüchtigt, und schon fand ich mich nicht mehr gut genug. Ich war – dank der Bemühungen meines Verstandes – gewissermaßen aus dem Zustand der Gnade gefallen. Die Bewegung hatte sich vollkommen angefühlt, erschien mir aber jetzt durch den Vergleich ziemlich mangelhaft.

Während mein Verstand so sein Wesen trieb, schaute ich zufällig zu meinem zwei Monate alten Sohn hinüber, der gerade am Einschlummern war. Er hielt eine Hand etwas erhoben; doch sie entspannte sich mehr und mehr und geriet – wie sie sich gleichzeitig der auf sie einwirkenden Schwerkraft und den Muskelspannungen, die sie noch hochhielten, ganz hingab – in einen Zustand unbedingter Anmut und Vollkommenheit. Ich mußte an das berühmte Fresko von Michelangelo denken, auf dem Gottvater einen Finger nach Adams Hand ausstreckt – und diese in einer ebenso vollkommenen und vollkommen entspannten Haltung ruht, wie mein einschlafender Sohn sie gerade so meisterhaft eingenommen hatte.

Mit einem Male, so als habe er gespürt, daß ich ihn anschaute, öffnete er die Augen und sah – mit dem typischen, leicht unscharfen Blick eines Säuglings – zu mir herüber. Ich sagte zu mir: »Schau sich das einer an: die meisterhafte Vollendung begnadetster Anmut – und das Bürschchen ist noch nicht mal aus den Windeln raus!«

Vollkommenheit ist anscheinend nichts, das nur große Meister etwa am Klavier oder Schachbrett erreichen könnten, noch etwas, das man sich mühsam er*ringen* müßte; ebensowenig bedarf es zu ihrer Verwirklichung irgendwelcher intellektueller oder theologischer Flickflacks. Vollkommenheit scheint vielmehr der natürliche Zustand des Menschen zu sein – genauso, wie sie der natürliche Zustand der Natur überhaupt ist.

Erst gestern waren wir bei Freunden zu Besuch, deren vierjährige Tochter unmittelbar davor steht, das Mysterium des Schuhezubindens zu meistern. Ich saß mit ihr auf den Stufen vor der Hintertür des Hauses und fühlte mich ein wenig schuldig, daß ich – anstatt vollkommen im gegenwärtigen Augenblick zu sein und mit meiner kleinen Freundin zu spielen – ganz in Gedanken an dieses Buch versunken war. Ich tauchte aus meinen Träumereien über eigene Kindheitserfahrungen wieder auf, sah zu ihr hinüber – und da saß sie wie ein kleiner Buddha über ihre Schühchen gebeugt und mühte sich – die Arbeit der Finger mit Lippenbewegungen unterstützend – zum tausendsten Male an dieser verdammten komischen Schleife ab.

Und sie schaffte es! Olympische Preisrichter hätten ihre Leistung an dem bestimmten Tag und auf der bestimmten Stufe, auf der sie dabei saß, zwar nur mit einer »1« oder bestenfalls mit einer »2« bewertet, aber immerhin: Das Produkt war fast mühelos als die ziemlich gelungene Nachahmung einer Schleife zu erkennen!

Was tat das kleine Mädchen, da es dergestalt zur Vollkommenheit gelangt war? Sie hob den Kopf und schaute mich an. Welch ein Ausdruck in ihrem Gesicht lag! Teils war es Staunen über den eigenen Erfolg, teils tiefe Ungewißheit, wie ich ihre Leistung wohl beurteilen würde, und teils maßloser Stolz auf die eigene Großtat.

Und wie war meine Reaktion?

A. »Hm, das ist nicht ganz richtig; ich zeig dir, wie das aussehen müßte.«

B. »Nein nein, das stimmt ja hinten und vorne nicht! Wirst du denn nie lernen, wie man seine Schuhe zubindet? Ich konnte das schon mit drei Jahren besser als du jetzt!«

C. »Ach, das ist *toll!* Du bist ja ein Genie! Es ist wirklich kaum zu glauben, wie *prima* du diesen Schuh zugebunden hast!«

Ich fühlte wirklich, wie diese verschiedenen möglichen Reaktionen samt entsprechender Varianten gleichzeitig durch meinen Kopf schossen. Doch dann atmete ich aus, blieb einen Augenblick lang völlig leer, und ein anderes Gefühl strömte in mich ein – ein Gefühl, das ich noch jetzt, während ich schreibe, ganz deutlich nachempfinden kann: Irgendwo tief in meinem Inneren konnte ich mich an die gleiche Erfahrung aus meiner Kindheit erinnern. Als ich dem kleinen Mädchen in die Augen schaute, blieb überhaupt nichts mehr zu sagen. Sie brauchte weder Lob noch Kritik, sie wollte nur eines von mir: daß ich das Hochgefühl, das sie über ihre meisterhafte Erzeugung einer wirklich-und-wahrhaftigen Schleife empfand, mit ihr teilte.

Sie schaute wieder auf ihr Werk hinab, um sich zu vergewissern, daß es immer noch an seinem Platz war. Und da war sie: eine Schleife, so vollkommen, wie die Blume jetzt vor meinem Fenster eine im Wind vollkommen sich wiegende vollkommene Blume ist. Die Blume wiegt sich nicht entsprechend irgendwelcher Richtlinien für das korrekte Sich-im-Winde-Wiegen. Sie ist nicht darauf angewiesen, daß ich sie als gelungen oder auch als nicht ganz der Norm für im-Wind-sich-wiegende Blumen genügend einstufe. Die Blume vollführt einfach ihre persönliche, einzigartige Version des Themas »im Wind sich wiegende Blume«. Meine kleine Freundin hatte eben gerade ihre vollkommene Version von »Schleife am Schuh eines kleinen Mädchens« ausgeführt.

Das ist die Vollkommenheit, von der in diesem Kapitel die Rede ist, die Vollkommenheit, die wir lieben lernen wollen. Wenn wir unser ganzes Herz in die Ausführung einer bestimmten Sache stecken, wenn wir diese Tätigkeit unter Aufbringung unseres ganzen derzeitigen Könnens mit einem wachen Geist und aus vollem Herzen ausführen – dann wird auch *unsere* Schleife vollkommen gelingen!

Um so seltsamer ist es, daß so viele von uns den lieben langen Tag – was sie auch gerade tun – einfach immer nur schlampen. Wir könnten die schöne Genugtuung auskosten, jede anfallende Arbeit gewissenhaft und in einem Zustand innerer Harmonie auszuführen; statt dessen tun wir alles nur mit halbem Herzen und jammern uns durch Tätigkeiten, die uns – gäben wir ihnen nur die Gelegenheit dazu – immer wieder Augenblicke der Seligkeit schenken könnten.

Natürlich entsteht eine solche grundsätzliche Einstellung gegenüber der Durchführung alltäglicher Verrichtungen während der Kindheit. Sie verrät, in welcher Weise wir damals für unsere Bemühungen gelobt oder bestraft, ermutigt oder kritisiert wurden. Ein Kind, das ununterbrochen dazu angetrieben wird, auf jedem Gebiet zu schnelle und zu große Fortschritte zu machen, wird später entweder ein neurotischer Perfektionist, der nicht aus Liebe zur Vollkommenheit alles so gut wie nur irgend möglich macht, sondern aus Angst, es nicht gut genug zu machen; oder es entwickelt sich zu einem ausgemachten Schlamper, dem das Niveau seiner körperlichen, geistigen, emotionalen und sonstigen Leistungen vollkommen gleichgültig ist.

In welchem Geiste sind *Sie* heute Ihren Pflichten nachgegangen? Wie haben Sie beispielsweise die Aufgabe des Zähneputzens bewältigt? Haben Sie sich ihr ganz bewußt und mit ungeteilter Aufmerksamkeit gewidmet, oder haben Sie sie lediglich hinter sich gebracht – unkonzentriert, unter Ihrem eigentlichen Leistungsniveau, ja ohne jeden Ehrgeiz, es bei diesem alltäglich wiederkehrenden Ritual zur Meisterschaft zu bringen?

Was war mit der Seite, die Sie zuletzt umgeblättert haben? Haben Sie sie bewußt, mit einem klassischen Stilgefühl, gewendet? Oder war dieses Umblättern für Sie – statt eine neue Gelegenheit, etwas mit meisterhafter Vollkommenheit und anmutiger Sorgfalt auszuführen – eine gedankenlose, rein mechanische »Ex-und-Hopp«-Tätigkeit?

Sie haben es vielleicht inzwischen selbst gemerkt: Ich stelle Ihnen mit diesem Buch keine geringere Aufgabe als die höchste überhaupt, die ein Mensch zu leisten vermag – sich in jedem Augenblick jeder einzelnen seiner Tätigkeiten vollkommen bewußt zu sein und Gewohnheit in Meisterschaft zu verwandeln. Aber warum auch nicht?

Wenn ich von der *Liebe* zur Vollkommenheit spreche, verwende ich diesen Begriff mit voller Absicht. Die Liebe scheint mir eine der ganz wesentlichen Elemente der Meisterschaft zu sein. Ich muß erst noch den Meister finden, der nicht zutiefst in seine Kunst verliebt wäre.

Wenn ich davon spreche, Vollkommenheit im Alltag zu verwirklichen, meine ich damit, daß wir versuchen könnten, den Alltäglichkeiten des Lebens mit Ehrfurcht und Liebe zu begegnen. Warum sollten Sie sich auf eine einzige Tätigkeit fixieren? Warum sollten Sie nicht jeden einzelnen Augenblick *jeder* Aktivität in Ihren großen Entwurf der Meisterschaft einbeziehen? Anders ausgedrückt: Warum sollten Sie nicht Tag für Tag jeden einzelnen Augenblick genießen, indem Sie an jeden Augenblick der Tätigkeit mit dem Geist der Vollkommenheit und Meisterschaft herangehen? Halten Sie einen Augenblick inne und schauen Sie, ob Ihnen ein vernünftiger Grund einfällt, es *nicht* zu tun.

Menschen betrachten miteinander balgende Kätzchen oft mit einem Anflug von neidischer Bewunderung. Es ist deswegen so schön, den Kätzchen zuzuschauen, weil sie vollständig in ihrem Tun aufgehen und dadurch jeden einzelnen Augenblick ihres Lebens bis zur Neige auskosten. Sie sind auch deswegen schön, weil ihre spontanen Bewegungen so volkommen unbemüht, so ganz und gar harmonisch wirken. Wenn wir uns nur wie diese Kätzchen fühlen könnten, sagen wir uns dann, wenn wir doch nur zu dieser schlichten Ebene des Bewußtseins zurückkehren könnten!

Es ist wahr, daß unser Leben heutzutage äußerst kompliziert ist. Natürlich ist es unser Verstand, der durch sein chronisches Denken, Planen, Entwerfen, Abzielen, Voraussagen, Unken, Staunen, Stöbern, Hinterfragen, Vorstellen, Vergleichen, Bewerten, Beurteilen, Gegenüberstellen und Ins-»rechte«-Licht-Rücken alles unendlich kompliziert und unsere sämtlichen Wahrnehmungs- und Empfindungskanäle derart mit begrifflicher Überaktivität verstopft, daß der gegenwärtige Augenblick für ganze Stunden am Stück einfach »weggedacht« wird.

Gleichzeitig gehen wir unserer täglichen Routine nach, haken eins nach dem anderen ab, öffnen eine Tür, drehen einen Schlüssel um, werden zahlreiche Hallos und Bisdanns los, kochen, binden uns die Schuhe zu, essen, trinken, putzen uns die Zähne, küssen unsere/n Geliebte/n, schaukeln unser Baby. Doch da unser Verstand dabei auf Hochtouren läuft, spulen wir diese unsere täglichen Rituale ohne jedes Bewußtsein, aus reiner Gewohnheit, völlig automatisch ab – anstatt hinlänglich

»da« zu sein, um sie mit jener Meisterschaft zu zelebrieren, die uns Freude und Genugtuung, eine größere Selbstachtung und vielleicht sogar die neidische Bewunderung all derer verschaffen könnte, die uns bei unserem Handeln zuschauen.

Ich behaupte, daß ständiges Denken ein zwanghaftes Verhalten darstellt – eine üble Angewohnheit, die man sich bewußtmachen und nach und nach ablegen sollte. Das mindeste dabei wäre, daß man es jeden Tag zu einem ausgewogenen Verhältnis zwischen Denken und Erfahren brächte: eine Minute bewußten Handelns im gegenwärtigen Augenblick für jede Minute des Denkens an Vergangenheit und Zukunft.

Was halten Sie davon?

Ich rede davon, Vollkommenheit in allen alltäglichen Verrichtungen zu erlangen, als ob Vollkommenheit nur eine bestimmte *Qualität der Bewegung* wäre. Doch wie wir angesichts der vollkommenen Ruhe und Entspannung eines schlafenden Säuglings sahen, ist Vollkommenheit eine – von einem bestimmten Zustand des Körpers unabhängige – Qualität des *Bewußtseins,* die also ebensogut auch dann auftreten kann, wenn wir ruhen.

Wir sprechen zum Beispiel oft – zugegeben gedankenlos – davon, jemand stehe, sitze oder liege »vollkommen reglos«. Sollte dieser Ausdruck nicht in Wirklichkeit bedeuten, daß die betreffende Person *auf eine vollkommene Weise* »reglos« oder ruhig ist? Können Sie in diesem Sinne »vollkommen ruhig« liegen? Probieren Sie es gleich heute abend aus, wenn Sie sich schlafen legen: Nehmen Sie sich ein paar Augenblicke Zeit und kosten Sie das Gefühl aus, das Sie überkommt, wenn Sie sich vollständig entspannen, Ihren Atem ganz ungezwungen kommen und gehen lassen und sich der Erfahrung vollkommener Regungslosigkeit hingeben.

Wenn Sie chronisch unter Streß leiden, ist das eine Kunst, deren vollkommene Beherrschung sich wahrhaft lohnt. Anstatt zu *versuchen,* sich zu entspannen, wagen Sie es, die schöne Kunst der Entspannung zu meistern! Wenn Sie so Ihre Einstellung zur Entspannung – den Geist, in dem Sie an die Aufgabe herantreten – verändern, verändern Sie auch die Erfahrung selbst.

Nun eine Übung, die Sie sofort ausführen können: Sehen Sie zu, ob Sie in diesem Augenblick Ihre Zunge völlig entspannen können. Fällen Sie keine Urteile, ziehen Sie keine Vergleiche – tun Sie einfach nur Ihr Bestes, Ihrere Zunge die Gelegenheit zu verschaffen, sich acht Atemzüge lang dem absoluten Nichtstun hinzugeben.

Für die nächsten sieben Tage möchte ich Ihnen eine etwas längerfristige Aufgabe stellen: Suchen Sie sich eine beliebige einfache alltägliche Tätigkeit aus, auf die Sie sich konzentrieren können. Nehmen Sie sich vor, dieser bestimmten Tätigkeit für die Dauer der nächsten Woche Ihre ungeteilte Aufmerksamkeit zu widmen und damit einen ersten Schritt zur Verwirklichung der Vollkommenheit in *all* Ihren Handlungen zu machen. Wir gelangen jetzt zum eigentlichen Kern dieses Programmes – bewältigen damit die erste Stufe auf unserem Weg in das Zauberreich »alltäglicher Meisterschaft«.

Als knapp Zwanzigjähriger ging ich bei einem Meister der Sufi-Tradition, der über sehr große persönliche Macht verfügte, in die Lehre und wurde von ihm genau vor diese Aufgabe gestellt. Er schlug mir für den Anfang vor, ab jetzt jede Tür, durch die ich treten würde, in einem erhöhten Bewußtseinszustand zu öffnen und zu schließen – mit einem Gefühl der Anmut, der Freude und der Anerkennung meiner selbst. Das sah auf den ersten Blick ziemlich simpel aus, aber schon binnen einer Woche war ich ein ganz anderer Mensch.

Genauso können Sie sich jedesmal, wenn Sie sich etwas zum Essen in den Mund stecken, in einen solchen Bewußtseinszustand versetzen; oder jedesmal, wenn Sie auf die Toilette gehen; oder jedesmal, wenn Sie eine Hand in die Tasche stecken; oder jedesmal, wenn Sie jemanden begrüßen; oder jedesmal, wenn

Sie an Geld denken; oder jedesmal, wenn Sie an Sex denken; oder jedesmal, wenn Sie an irgend etwas denken, was Sie regelmäßig beschäftigt. Die Liste der Möglichkeiten ist wirklich endlos. Ich biete Ihnen hier nur eine Auswahl an. Sie können selbst entscheiden, worauf Sie als erstes Ihre Aufmerksamkeit richten wollen. Meistern Sie die schlichte Kunst, sich einer einzigen alltäglichen Aktivität bewußt zu sein, und Sie werden damit weit kommen.

Kapitel 4

Beziehungen meistern

Die Entwicklung zum Meister scheint sich in drei größeren Phasen zu vollziehen, die jeder von uns durchläuft. Zuerst eignen wir uns all jene elementaren menschlichen Tätigkeiten an, die ein Kind beherrschen muß, um sich unproblematisch in den Familienverband einfügen zu können. Wir lernen, mit anderen Worten, für die Befriedigung unserer eigenen körperlichen Bedürfnisse zunehmend selbständig Sorge zu tragen. Darüber hinaus lernen wir auch, bestimmte kleinere oder größere, für Familie oder Haushalt nützliche Arbeiten zu verrichten.

Im Alter von zwölf oder dreizehn aber beginnen die meisten von uns, die Flügel auszustrecken und Sehnsucht nach einer unabhängigeren Existenz zu verspüren – nach einem Leben außerhalb des von elterlicher Fürsorge und Bevormundung abgesteckten Bezirks. Um diesen unseren Wunsch nach Unabhängigkeit verwirklichen zu können, müssen wir auf die zweite Stufe der Meisterschaft überwechseln und beginnen, uns Fertigkeiten anzueignen, die uns dann als Erwachsene in der einen oder anderen Weise in der Welt vorwärtsbringen werden. Alle Heranwachsenden müssen diesen schwierigen Kampf ausfechten, um von der Abhängigkeit der Kinderzeit zur Selbständigkeit des Erwachsenenalters zu gelangen. Die Fertigkeiten, die sie sich durch die Bewältigung früherer Aufgaben und Schwierigkeiten angeeignet haben, werden sie später dazu befähigen, körperliche und geistige Leistungen zu erbringen, die die Umwelt finanziell entlohnt.

Mit der dritten Phase der Entwicklung zur Meisterschaft werden wir uns in einem späteren Kapitel befassen. Sie setzt meist dann ein, wenn wir das grundsätzliche Problem unseres materiellen Überlebens hinlänglich bewältigt haben und neue unerwartete Herausforderungen viel subtilerer, »geistigerer« Natur plötzlich an uns herantreten – Fragen, die spätestens ab der Lebensmitte nicht mehr aufhören werden, uns zu beschäftigen.

In diesem Kapitel möchte ich Ihnen ausreichend Gelegenheit geben, in aller Ruhe auf die Erfahrungen Ihrer Teenager-Jahre zurückzublicken, die sich auf die zweite Phase unseres Weges beziehen. Solange Sie nämlich kein klares Gefühl dafür haben, wie es Ihnen in diesem wichtigen Lebensabschnitt ergangen ist, wird es schwierig für Sie sein, irgend etwas an Ihrer jetzigen Einstellung zur Meisterschaft zu verändern.

Ich möchte zunächst alle für uns interessanten lernbezogenen Herausforderungen, denen Sie als Teenager höchstwahrscheinlich begegneten, in verschiedene Kategorien unterteilen.

Da gab es einmal die Sozialisation – also die allmähliche Aneignung, Einübung und Anwendung all der Fertigkeiten, die einen »erwachsenen«, mehr oder weniger vernünftigen und erfolgreichen Umgang mit Menschen ermöglichen. Wenn vom Lernen und Können eines Kindes die Rede ist, werden emotionale Fertigkeiten sehr oft außer acht gelassen; und doch besteht unsere schwerste Aufgabe im Leben oft darin zu lernen, unsere persönlichen Gefühle in den größeren Zusammenhang gesellschaftlichen Lebens außerhalb unserer eigenen Familie zu integrieren.

Zu einer solchen »Meisterung der Emotionalität« gehört es, zunächst einmal zu lernen, die emotionalen Gewohnheiten, die man von seiner Familie übernommen hat, als solche zu erkennen und sie gegebenenfalls – sofern sie sich als im Umgang mit der »Welt« untauglich oder hinderlich erweisen – entsprechend zu korrigieren. In jeder Familie herrschen eigene und oft recht eigentümliche Beziehungsstrukturen, die sich nicht ohne weiteres auf das »äußere« gesellschaftliche Leben übertragen lassen. In der ersten Phase, während unserer frühen Kindheit, ging es darum zu lernen, innerhalb des emotionalen Gefüges der eigenen Familie zu funktionieren. In der zweiten Phase werden wir nun mit der Aufgabe konfrontiert, einen zweiten emotionalen Schritt zu bewältigen und uns in ein größeres und vielschichtigeres System möglicher Beziehungen einzufügen.

Wir täten jetzt allerdings besser daran, das Reich grauer psychologischer Theorie zu verlassen beziehungsweise dieselbe in eine praktische Erfahrung umzusetzen – zu welchem Zweck ich Ihnen wieder eine Unterbrechung (in beliebiger Länge) empfehle. Wenn Sie diesen Absatz fertiggelesen haben, legen Sie bitte das Buch beiseite und stimmen Sie sich in Ihre Atmung (Nase, Brust, Unterleib) und in das Vorhandensein Ihres ganzen Körpers im gegenwärtigen Augenblick ein. Bleiben Sie in diesem Zustand erweiterter Aufmerksamkeit. Gestatten Sie zugleich Ihrem geistigen Auge, in Ihre Teenagerzeit zurückzublikken, und vergegenwärtigen Sie sich die regelmäßig wiederkehrende Erfahrung, das elterliche Haus und damit die vertrauten familiären Gefühle zu verlassen und in die Schulsituation mit ihren andersartigen emotionalen Verhältnissen einzutreten. Atmen Sie in jede Erinnerung, die da kommen mag, und erkennen Sie, wie Sie emotional wuchsen, um die neue Situation zu meistern.

Diese Aufgabe ist natürlich nicht in einer einzigen Sitzung zu bewältigen. Sie werden im Laufe der nächsten Tage und Wochen immer wieder zu ihr zurückkehren müssen, bis Sie einen ausreichenden Einblick darin gewonnen haben, wie Sie selbst sich in dem sozialen Umfeld außerhalb Ihrer eigenen Familie zurechtfanden.

In Familien, in denen die emotionalen Bande allzu eng geknüpft sind, haben die Kinder es oft sehr schwer, sich aus dem »Gefühls-Schwerefeld« des Elternhauses loszureißen. Dementsprechend schwer tun sie sich auch, neue emotionale Herausforderungen der Erwachsenenwelt zu meistern. Sie zeigen oft die Neigung, Fremden nach stereotypen Mustern zu begegnen, welche die unmittelbare Fortführung früherer, kindlicher Verhaltensmuster sind. Aufgrund solch regressiven Verhaltens sind diese Menschen oft außerstande, erfolgreiche »erwachsene« Beziehungen außerhalb des vertrauten Familienkreises ihrer Kindheit aufzubauen.

Die Aneignung selbständiger Gefühle und Handlungen ist eine vom therapeutischen Standpunkt aus betrachtet äußerst wichtige Stufe in der Persönlichkeitsentwicklung eines jeden Menschen. Ich möchte Ihnen wenigstens andeutungsweise zeigen, in welche Richtungen Sie Ihre Aufmerksamkeit lenken können, wenn Sie das Gefühl haben sollten, daß Sie als Erwachsener immer noch in kindlichen Empfindungsmustern befangen sind, die Ihr gegenwärtiges Leben beeinträchtigen.

Die vielleicht bedeutendste Einsicht in die Natur der emotionalen Entwicklung, die die Psychologie in den letzten Jahrzehnten gewonnen hat, ist die Erkenntnis, daß praktisch alle emotionalen Verhältnisse *Dreiecksbeziehungen* sind – nicht bloß zwei, sondern drei Personen einschließen. Sobald einem liebenden Paar ein Kind geboren wird, entsteht ein solches Dreieck – und damit auch eine Familie. Versuchen Sie, sich unter diesem Gesichtspunkt an Ihre eigene Kindheit zu erinnern: Manchmal befanden Sie sich in einer emotionalen Wechselwirkung mit Ihrer Mutter, manchmal mit Ihrem Vater, und manchmal waren Ihre Eltern aufeinander bezogen, und Sie befanden sich im »toten Winkel« des Dreiecks.

Das Bemerkenswerte an solchen zwischenmenschlichen Beziehungen ist folgendes: Es ist für drei Personen unmöglich, gleichzeitig miteinander zu reden. Man kann ja schließlich immer nur mit *einem* Menschen auf einmal in Blickkontakt stehen. Man kann seine Äußerungen – sofern man überhaupt jemand Bestimmtes ansprechen will – immer nur auf *einen* Menschen auf einmal beziehen.

In jeder solchen Dreiecksbeziehung ist immer einer unter den drei Beteiligten passiv – nicht unmittelbar an der Kommunikation oder dem emotionalen Austausch der zwei anderen beteiligt. Dies ermöglicht es ihm aber, zwischenmenschliche Beziehungen nicht nur *subjektiv*, gleichsam von innen, kennenzulernen, sondern sie auch von außen anzuschauen und dadurch einen *objektiven* Eindruck von ihnen zu gewinnen. Erst durch diese Erfahrung aus zweierlei Perspektiven lernen Kind und Heranwachsender ein zunehmend »wirklichkeitstaugliches« Sozialverhalten.

Ist die jeweils dritte, ausgeschlossene Person aber emotional unreif, nimmt sie – wenn sie die anderen zwei beim Ausleben ihrer Beziehung beobachtet – in einem solchen Ausmaße gefühlsmäßig Anteil, daß sie nur eine sehr beschränkte »Außenansicht« des Dreiecks gewinnen kann. Kleineren Kindern fällt es sehr schwer, sich in Unabhängigkeit von ihren Eltern zu erleben; deshalb bleiben sie immer sehr stark in den Gefühlen und Stimmungen befangen, die die Eltern unter sich erzeugen.

Mit zunehmendem Alter aber beginnen die Kinder mehr und mehr das berechtigte Bedürfnis zu verspüren, einen gewissen Abstand von der »Gefühlswelt« des Dreiecks – oder der Reihe ineinander verschlungener Dreiecke – ihrer Familie zu gewinnen. Die Befriedigung dieses Bedürfnisses ist *die* emotionale Herausforderung der Teenagerjahre. In dem gleichen Ausmaß, in dem Eltern ihrem Kind die Freiheit lassen, sich zu einem eigenständigen Individuum zu entwickeln, wird dessen neue, objektive Sicht der familiären Empfindungs- und Verhaltensmuster auch zunehmend klarer; je enger aber, je unsicherer und neurotischer der Familienverband ist, desto härter wird sich der Heranwachsende jeden Fußbreit seines Weges zu einem erwachsenen Sozialverhalten erkämpfen müssen.

Der Faktor, von dem es in erster Linie abhängt, ob das Kind diesen Kampf um größeren emotionalen Abstand und Überblick gewinnt oder verliert, ist der Grad an Ängstlichkeit und Unsicherheit seiner Eltern. Je ängstlicher und besorgter die Eltern sind, desto weniger Aussichten wird das Kind haben, ein unabhängiges Verhältnis zu ihnen zu entwickeln – das ist in der

Familientherapie ein so gut wie unumstößliches psychologisches Gesetz. Wann immer in einer Dreiecksbeziehung, gleich welcher Art, ein Übermaß an Angst herrscht, wird dieses Dreieck unweigerlich mit chronischen emotionalen Problemen zu kämpfen haben und sich äußerst schwer damit tun, die wahren Ursachen der ständigen Konflikte herauszufinden.

Sobald aber ein Mitglied des Dreiecks es schafft, seine Angst zu verringern, sich auch nur ein wenig von den Spannungen zu distanzieren und die anscheinenden Ursachen für alle Probleme des Dreiecks wertfrei – ohne ein Urteil darüber zu fällen – zu betrachten, geschieht etwas sehr Schönes: Dadurch, daß einer von den dreien eine neue Stufe emotionaler Meisterschaft erreicht hat, senkt sich der Angstpegel des ganzen Trios, und wenn sich die Angst auf diese Weise verringert hat, gelingt es auch den anderen zwei an der Dreiecksbeziehung Beteiligten, klarer zu erkennen, was zwischen ihnen abläuft.

Ich habe Sie wieder lange genug mit Theorien bombardiert; lassen Sie uns jetzt zur Erfahrung zurückkehren – zu Ihren eigenen Erfahrungen, damit Sie direkt erkennen können, was ich meine.

Erinnern Sie sich für einen Augenblick an die Schulfreunde, die Sie im Alter von dreizehn, vierzehn oder fünfzehn Jahren hatten. Um sich die einfache oder vielfache »Dreiecksnatur« Ihrer damaligen Beziehungen zu verdeutlichen, können Sie versuchen, ob es Ihnen gelingt, sich an eine einzige Freundschaft zu erinnern, an der wirklich ausschließlich zwei Personen beteiligt waren – bei der kein Dritter Ihre Empfindungen für den Freund in irgendeiner Weise beeinflußte.

Wenn Sie von den Familiendreiecken zu neuen, schulischen Dreiecksbeziehungen übergehen, so hat dies die einschneidende Folge, daß Sie mit einem Male von »neuen« Gefühlen »neuer« Menschen beeinflußt werden. Sie erhalten dadurch die Gelegenheit, neue – auf den Verhaltensmustern zahlreicher anderer Familien Ihrer Heimatstadt basierende – Weisen der Kontaktaufnahme und der zwischenmenschlichen Verhältnisse auszuprobieren. Ihre Beherrschung emotionaler Fertigkeiten kann sich so von der bestimmten Anzahl feststehender Verhaltensmuster (Ihres Elternhauses) auf viele neue Kombinationen wechselseitig aufeinander einwirkender Dreiecke erweitern.

Ich hoffe, daß ich durch die Darstellung dieses »Familienmodells« mit seiner dreiecksförmigen Grundeinheit von aufeinander einwirkenden Personen mehr Licht als Verwirrung in Ihr Verständnis zwischenmenschlicher Beziehungen bringen konnte. Meine hauptsächliche Absicht dabei war, Sie dazu zu ermutigen, Ihre gegenwärtigen und vergangnen Beziehungen ab jetzt unter diesem neuen Gesichtspunkt zu betrachten – anstatt sich also, wie bisher, immer nur als in Beziehung zu jeweils *einem* Menschen auf einmal zu verstehen. Zwei Menschen können unter Umständen jahrelang in ihrem erstarrten Beziehungsmuster verhaftet bleiben – solange bis einer von ihnen nach einem Außenstehenden »greift« und ihn als Dritten in die Beziehung einbringt. Ab diesem Punkt kann dann eine positive Weiterentwicklung beginnen.

Das gleiche Prinzip wird auch in anderen Bereichen des Lernens wirksam, wenn das Kind zum Teenager heranwächst und nach neuen Kontakten sucht, um verschiedene Fertigkeiten in sich auszubilden. Das ist sehr häufig der Fall: beispielsweise dann, wenn ein Kind erst etwas von Vater oder Mutter lernt und dann, in der Schule, eine neue Person in diese Lernbeziehung einführt – meist einen Lehrer oder einen Mitschüler, der die Lehrerfunktion ausübt.

Es gibt immer einen ersten Lehrer – jemanden, der uns zuerst zeigt, wie wir uns eine bestimmte – verbale, intellektuelle, körperliche oder emotionale – Fertigkeit am besten aneignen können. Eine Zeitlang schreitet der Lernprozeß erfolgreich voran; doch irgendwann ist der Punkt erreicht, an dem es in diesem ein-Schüler-ein-Lehrer-Verhältnis nicht mehr weitergeht und die Fortschritte einfach ausbleiben.

An dieser Stelle setzt die zweite Stufe ein: Ein Außenstehender betritt die Szene, ein Dreieck entsteht und mit ihm eine plötzliche neue Dynamik. Selbst, wenn der erste Lehrer (wie tatsächlich meist der Fall) *nicht* anwesend sein sollte, wird sich doch seine geistige Anwesenheit bemerkbar machen, sobald der neue Lehrer anfängt, Hinweise und Ratschläge zu geben. Mit diesem neuentstandenen Dreieck eröffnet sich auch eine neue Perspektive und eine neue Richtung, in die das Streben nach Meisterschaft fortgeführt werden kann.

Die neue Perspektive ergibt sich dann, wenn der zweite Lehrer etwas empfiehlt, was den Unterweisungen des ersten widerspricht. Plötzlich muß der Lernende erkennen, daß anscheinend zwei (wenn nicht sogar mehr) unterschiedliche Betrachtungs- und Behandlungsweisen desselben Gegenstandes möglich sind. Mit dieser Erkenntnis findet die Bewußtseinserweiterung statt, die den Kern der zweiten Phase der Entwicklung zur Meisterschaft ausmacht. Der Lernende gerät zwangsläufig in die Lage, die Informationen der zwei Lehrer gegeneinander abwägen und beurteilen zu müssen. Er muß zu guter Letzt entweder einen der beiden Lehrer dogmatisch verwerfen – oder aber die schöne Kunst meistern, von beiden Lehrern unabhängig zu werden und von jedem das Beste zu übernehmen. Das ist die Geburtsstunde der persönlichen Gedankenfreiheit, und deren Aneignung ist sicherlich einer der entscheidendsten Schritte in unserem Leben.

Ich möchte Sie jetzt – mit diesen neuen Ausführungen im Sinn – wieder auf die Zeitreise schicken. Kehren Sie in Ihre Vergangenheit zurück und erinnern Sie sich, wie Sie eine bestimmte Fertigkeit Schritt für Schritt von einem Lehrer erlernten – und dann einen neuen Lehrer fanden, der Ihnen dieselbe Sache in einer anderen Weise beibrachte. Legen Sie jetzt eine kleine Pause ein, blicken Sie in die Zeit Ihrer Kindheit und Jugend zurück und schauen Sie, was für Erinnerungen auf Sie zukommen.

Der Weg zur Meisterschaft auf jedem beliebigen Gebiet ist natürlich endlos. Die größten Meister sind diejenigen, die sich immer noch als Schüer in ihrer jeweilige Kunst verstehen und unentwegt weiterlernen, während sie gleichzeitig das, was sie sich in ihrem bisherigen Leben angeeignet haben, lehrend weitergeben.

Erinnern Sie sich jetzt bitte an die ersten Schritte, die Sie schon als kleines Kind unternommen haben, um jemand anders etwas beizubringen, was Sie bereits beherrschten. Wir werden schon in einem sehr frühen Stadium unseres Lebens zu Meistern und Lehrmeistern. Es ist von entscheidender Bedeutung für unser »Meisterschafts-Spiel«, daß wir diesen wichtigen Schritt richtig und vollständig ausführen.

Ich erinnere mich, wie ich vor einer ganzen Reihe von Jahren in einer Montessori-Schule arbeitete. Wie Sie vielleicht wissen, werden in diesen Lehranstalten die Kinder dazu ermutigt, einander bei der Arbeit zu helfen und die jeweils kleineren zu unterrichten. Drei Vorschulklassen – die erste, zweite und dritte – waren in einem einzigen großen Klassenzimmer zusammengefaßt, und ich war erstaunt, wie schön sich die Kinder gegenseitig etwas beibringen konnten.

Sobald ein Kind eine bestimmte Tätigkeit beherrscht – sei es Schuhezubinden oder zweistellige Zahlen addieren -, ist es für ein anderes Kind, das gerade davor steht, diese jeweilige Kunst ebenfalls zu meistern, und nur noch einige letzte Tips oder Hilfestellungen dazu benötigt, der beste Lehrer überhaupt. Der Grund ist leicht einzusehen: Der frischgebackene Meister steht noch unter dem unmittelbaren Eindruck der eigenen Lernerfahrung und erinnert sich – im Gegensatz zu einem erwachsenen Lehrer – noch ganz deutlich an die bestimmten kleinen Schrittchen, die zur vollständigen Beherrschung der jeweiligen »Disziplin« erforderlich waren.

Wenn wir uns nur entschließen könnten, unser Erziehungssystem so weit zu öffnen und aufzulockern, daß die älteren Schüler das gerade Erlernte den jeweils jüngeren vermitteln und darin also ihre Lehrmeister sein dürften, so hätte dies die besten Folgen – sowohl unmittelbar für die Lernenden als auch längerfristig für die psychische Entwicklung aller Beteiligten. Wir ziehen es aber vor, die Schüler bis zum amtlichen Ende ihrer Ausbildung im Stand und Geisteszustand des Lehrlings, des Auszubildenden, zu belassen, anstatt sie so rasch wie möglich dazu anzuhalten, sich als Meister und Lehrmeister des bereits erlernten Wissensstoffes zu empfinden und entsprechend zu betätigen!

Das ist auch eines der größten Hindernisse, mit denen die heutige Gesellschaft uns den Weg zur Meisterschaft verstellt: Anstatt die Menschen allgemein dazu zu ermutigen, unter denjenigen nach einem Lehrer zu suchen, die die jeweils in Frage kommende Fertigkeit gerade gemeistert haben, verweisen wir den Wissensdurstigen fast immer auf abstrakte, unpersönliche Informationsquellen wie Bücher, Lehranstalten oder sonstige formal strukturierte Ausbildungsgänge. Außerdem erziehen wir unsere Kinder nicht dazu, Meister und Lehrer zu werden, die jederzeit bereit wären, das, was sie bereits wissen oder können, an andere weiterzugeben.

Die Folge dieses mißlichen Umstands ist die Tatsache, daß wir alle uns weit weniger Fertigkeiten angeeignet haben, als es der Fall gewesen wäre, wenn es mehr Meister in unserem Leben gegeben hätte. Dabei *sind* wir ja in Wirklichkeit von lauter Menschen umgeben, die die verschiedensten Künste und Wissensgebiete beherrschen. Da sie es aber nie gelernt haben, sich als Meister und Lehrer ihrer zahlreichen Fächer zu verstehen, kommen sie auch nicht auf die Idee, Lernwilligen ihre Hilfe anzubieten. Daran krankt unsere gesamte – private wie öffentliche – Erziehung. Wir können nur hoffen, daß bei der Ausbildung kommender Generationen die Vermittlung und Aneignung der Meisterschaft eine größere Rolle spielen wird. In einem späteren Kapitel werde ich mich etwas konkreter zu diesem Thema äußern.

Doch wie unvollkommen es Ihnen auch gelungen sein mag,

sich von beengenden Dreiecksbeziehungen Ihrer Kindheit zu befreien, und wie wenig Lehrer Sie in der Umgebung, in der Sie aufwuchsen, auch gefunden haben mögen: Auch *Sie* werden in Ihrer Jugend mit fast hundertprozentiger Sicherheit sehr viele – intellektuelle, emotionale und körperliche – »Lern-Aufgaben« gemeistert haben. Zum Abschluß dieses Kapitels darf ich Sie wieder auf Entdeckungsreise in Ihre Erinnerung schicken – zurück in die Zeit, da Sie gerade volljährig wurden, da Sie das Elternhaus verließen und sich erstmals auf eigenen Füßen in die Welt hinauswagten.

Wie sind Sie damals in der Welt zurechtgekommen? Waren Sie in Ihrer Kindheit in angemessener Weise auf diesen wichtigen Schritt – aus der Geborgenheit der Familie in die öffentliche Welt des Berufslebens – vorbereitet worden? Oder hatten Sie bei Ihren ersten selbständigen Gehversuchen mit ernsthaften Schwierigkeiten zu kämpfen – weil Sie sich zuvor nicht genug Fertigkeiten angeeignet hatten? Atmen Sie ein paarmal tief durch und lassen Sie die Erinnerungen hochsteigen.

Kapitel 5

Schäden auf dem Weg

Gleichgültig, bis zu welchen Graden der Meisterschaft Eltern es in der Kunst, ihre Kinder aufzuziehen, auch bringen mögen – es ist eine der ewigen Wahrheiten des menschlichen Lebens, daß *jeder* im Laufe der Kindheit und Jugend wenigstens ein paar seelische Dellen und Beulen abkriegt. Es ist bislang noch keinem Psychologen gelungen, auch nur *einen* Menschen ausfindig zu machen, der nicht sein gerüttelt Maß an Leid und emotionaler und geistiger Verwirrung mit sich herumgetragen hätte. Irren ist menschlich, und da Eltern keine allwissenden und allmächtigen Götter sind, können sie nichts anderes als ihr Bestes tun und dann hoffen, daß es ihren Sprößlingen gelingen möge, den Kinderschuhen und allen seelischen Problemen, die sie im Laufe ihrer Entwicklung in der Familie mitbekommen haben, zu entwachsen.

Je länger ich mit Klienten arbeite, desto stärker wird in mir die Überzeugung, daß die Notwendigkeit, alte Wunden zu heilen und problematische Programmierungen aus der Kindheit zu korrigieren, sogar einen großen Segen für uns Menschen darstellt. »Erwachsensein« bedeutet schließlich, mehr und mehr die Verantwortung dafür zu übernehmen, daß das eigene Leben in immer befriedigenderer Weise verläuft – ein Prozeß, der mit unseren Auszug aus dem Elternhaus einsetzt und bis zu unserem allerletzten Tag auf diesem Planeten Erde anhält.

Wie sähe denn Ihr Leben aus, wenn Sie emotional, intellektuell und körperlich in absolut vollkommener Verfassung wären? Was wäre, wenn Sie jede Ihrer gefühlsmäßigen Regungen mit hundertprozentiger Klarheit durchschauten, Herr über einen vollkommen logischen Verstand wären und sich einer vollkommenen körperlichen Gesundheit und ideal ausgeglichenen seelischen Verfassung erfreuten? Was würden Sie dann überhaupt noch mit Ihrem Leben anfangen?

Natürlich heißt es von den *wirklichen* spirituellen Meistern, sie hätten diesen erleuchteten Zustand erreicht. Ich habe allerdings das Glück und die Ehre gehabt, eine ganze Reihe solcher Meister kennenzulernen, und kann Ihnen versichern: Mit Ausnahme der Zeiten, in denen sie sich in ihrem winzigen Privatbiotop *wirklich* vollkommener Seligkeit und Harmonie befanden, war jeder von ihnen durchaus imstande, in all die weltlichen Gefühlsregungen abzugleiten, die wir gewöhnlich mit den niederen Ebenen des Bewußtseins – also mit unserem eigenen Zustand unvollkommenen Denkens und Fühlens – in Verbindung zu bringen pflegen.

Ziemlich lange Zeit hindurch war ich davon überzeugt, mein persönliches Ziel im Leben sei es, absolute Gewalt über all meine Gefühle und Gedanken zu erlangen, jede meiner Bewegungen vollkommen zu beherrschen und überhaupt die vollkommene Bewußtheit zu erreichen. Das ist der Traum vieler idealistischer junger Leute, wenn sie sich daran machen, erwachsen zu werden. Schaute ich auf meine Kindheit zurück, konnte ich feststellen, daß ich im Laufe meiner Entwicklung sehr zahlreiche Schäden davongetragen hatte. Es war mein Ziel, diese ganzen schadhaften Teile meiner Persönlichkeit zu überwinden, sie hinter mir zu lassen und in höhere Ebenen des Bewußtseins zu entschweben.

Doch zuletzt mußte ich wohl oder übel anerkennen, daß zwischen meinem höheren Selbst und meiner angeschlagenen denkenden und fühlenden Psyche keine wirkliche Trennung bestand. Ich lernte wohl Techniken zur Erlangung verschiedener transzendenter Zustände, doch einmal, als ich dasaß und in vollkommener Seligkeit schwelgte, wurde mir plötzlich eine peinliche Tatsache bewußt: Ich hatte mein Bestes getan, um meinem angeschlagenen niederen Selbst davonzulaufen, und hatte es doch nur geschafft, diesen Teil meiner selbst durch geistige Disziplin und emotionale Distanz vorübergehend aus meinem Gesichtsfeld zu verdrängen.

In etwa diese Periode meiner spirituellen Suche fiel noch ein weiteres wichtiges Erlebnis. Einer der Meister, unter denen ich damals lernte, nahm mich eines Abends beiseite und kündigte mir ziemlich schroff an, es sei für mich langsam an der Zeit zu begreifen, daß es keine »wirklichen« Meister gebe, wie ich sie mir – und wie ich mir *ihn* - vorstellte. Er erklärte mir, daß er zwar imstande sei, auf Ebenen vollkommen seligen Bewußtseins zu verharren, sich dabei aber gleichzeitig und bis zum Ende seines Lebens durch die labyrinthischen Verschlingungen seiner Kindheitsprägungen durcharbeiten müsse.

Der menschliche Weg ist ein Weg ständigen Wachsens und Genesens – er ist die fortwährende Bemühung, sich von alten emotionalen und gedanklichen Verkrampfungen zu befreien, auf daß der Geist sich immer höher und höher emporschwingen und dabei gleichzeitig seine innige Anteilnahme an der Erfahrung alltäglichen Menschseins beibehalten könne. Mit jedem neuen Durchbruch erfahren wir die Vollendung dieser bestimmten Stufe, sind wir Meister unserer jeweiligen Bewußtseinsebene. Doch fast im selben Augenblick, da wir die Vollkommenheit auf dieser bestimmten Ebene erlangt haben, sehen wir auch schon die nächste Stufe vor uns, die nächste Herausforderung, die nächste Aufgabe, die es zu meistern gilt.

Wenn ich in diesem Kapitel von »Schäden« spreche, die man unterwegs abbekommt, so ist das kein Werturteil, keine Anklage. Ich bitte Sie einfach, diejenigen Kindheitserfahrungen zu erkennen und anzuerkennen, die noch heute Ihre Fähigkeit, eine beliebige Aufgabe zu meistern, beeinträchtigen und Sie dadurch bei der Bewältigung Ihres gegenwärtigen Lebens behindern. Wenn Sie es schaffen zu lernen, Ihre »negativen« Kindheitserfahrungen in neue Gelegenheiten zu Wachstum und Meisterschaft umzuwandeln, dann haben Sie eines der ganz großen Kunststücke im Leben gemeistert.

Ich möchte, daß Sie in diesem Geiste wieder in Ihre Kindheit und Jugend zurückkehren und schauen, was für neue Einsichten sich möglicherweise einstellen.

Fangen wir mit Ihrem Verhältnis zu Ihrer Mutter an. Denken Sie aber bitte daran, daß wir nicht mit der Absicht zurückblikken, anderen die Schuld an unseren gegenwärtigen Schwierigkeiten in die Schuhe zu schieben! Jede Mutter ist einmal selbst ein Kind mit einer Mutter gewesen, die einmal selbst ein Kind mit einer Mutter gewesen ist, die einmal selbst ein Kind mit einer Mutter gewesen ist, die einmal selbst ein Kind mit einer Mutter gewesen ist – und immer so weiter zurück, bis zum Anbeginn der Welt. Jeder von uns empfängt als Kind und Jugendlicher ein reiches Erbe familienspezifischer Empfindungs- und Denkmuster, und wir geben dieses Erbe später an unsere Kinder weiter. Mit etwas Glück können wir an dem überlieferten Grundprogramm eigene Änderungen und Verbesserungen vornehmen. In dieser Weise schreitet jede Generation ein Stückchen weiter, erklimmt sie immer höhere Ebenen menschlichen Bewußtseins. Zuerst eignen wir uns das Erbe an, dann verändern wir es. Darauf basiert doch wohl die ganze menschliche Evolution, oder?

Zurück zu Ihrer Mutter. Sie haben so grundlegende, so elementare Dinge von Ihrer Mutter oder sonstigen weiblichen Bezugsperson gelernt! Sie lernten die erste Liebe kennen; Sie lernten nach ihren Lauten und mit ihrer Logik sprechen und denken; erlernten Weisen, sich zu bewegen und sich auszudrücken; Weisen, mit der Außenwelt umzugehen – alles von Ihrer Mutter. Das meiste von dem, was Sie von ihr lernten, fiel Ihnen schon früh zu, eher durch direkte Nachahmung als dadurch, daß Sie einzelnes ausgewählt und sich bewußt angeeignet hätten.

Jeder noch so winzige Fortschritt, den Sie bei der Aneignung der ersten Tätigkeiten in Ihrem Leben machten, erfolgte mit beträchtlicher Untersützung seitens Ihrer Mutter – die Ihnen lediglich *ihre* Beherrschung dieser Tätigkeiten vorführte. Die einzelnen Schritte, durch die sie Sie dabei führte, vermittelten

Ihnen eine erste Bekanntschaft mit der Methodik des Lernens. Die Logik, nach der sie ein Problem löste, war die erste Logik, mit der sie überhaupt in Berührung kamen. Hatte ihre Vorgehensweise Hand und Fuß, hatte sie selbst gelernt, alle Aufgaben, die ihr im Leben begegneten, meisterhaft zu lösen – dann besteht durchaus die Möglichkeit, daß Sie von ihr (durch ihr Beispiel) ebenfalls eine gute Anlage zur Meisterschaft geerbt haben.

Natürlich gilt auch umgekehrt, daß Sie alle etwaigen diesbezüglichen Mängel und Ungeschicklichkeiten Ihrer Mutter *auch* übernahmen, ganz genauso wie beispielsweise bestimmte Eigenarten ihrer Aussprache, Gesten und Bewegungen.

Schauen Sie unter diesem besonderen Blickwinkel zurück und sehen Sie zu, was Sie finden. War Ihre Mutter ein Mensch, der neue Tätigkeiten und Kenntnisse rasch und mühelos meisterte? Oder schien der Weg zur alltäglichen Vollkommenheit für sie eher dornenvoll oder gar völlig versperrt zu sein? Halten Sie ein paar Augenblicke inne, atmen Sie, und lassen Sie die Erinnerungen aufsteigen: an Ihre Mutter und daran, wie sie die schlichten Aufgaben des täglichen Lebens bewältigte. Schauen Sie ihr wieder zu, wie sie Türen öffnet und schließt, wie sie ein Kleidungsstück zuknöpft, wie sie Auto fährt, wie sie sich mit Bekannten unterhält und was sie sonst noch in Ihrer Kindheit an täglichen Dingen verrichtete.

Jetzt möchte ich, daß Sie sich besonders darauf besinnen, wie Ihre Mutter sich bewegte, wie sie in ihren Bewegungen wirkte. Blieb sie sich normalerweise ihrer jeweiligen Tätigkeiten und Handgriffe bewußt, so daß sie dabei einen Eindruck körperlicher Anmut vermittelte – oder war sie die meiste Zeit über in Gedanken versunken und kostete dementsprechend ihre Bewegungen im gegenwärtigen Augenblick nicht aus?

Zu jeder Art von Meisterschaft gehört bewußte Aufmerksamkeit auf das, was wir gerade tun. Die meisten von uns wurden insbesondere dadurch in dieser Fähigkeit beeinträchtigt, daß die Vorbilder ihrer Kindheit – Eltern, ältere Geschwister und Bekannte der Familie – nicht allzusehr in der Erfahrung ihres jeweiligen Jetzt eingestimmt waren. Sie waren meist damit beschäftigt, an die Zukunft zu denken oder der Vergangenheit nachzusinnen, anstatt dem gegenwärtigen Augenblick ihre volle Aufmerksamkeit zu schenken.

Denken Sie jetzt einmal – möglichst objektiv – in diesem Zusammenhang über Ihre Mutter nach: Haben Sie von ihr gelernt, den gegenwärtigen Augenblick zu lieben – oder haben Sie von ihr vielmehr die Gewohnheit übernommen, sich stets und ständig über alles zu sorgen, andauernd Pläne für die Zukunft zu schmieden oder sich immer wieder in die Vergangenheit zu flüchten?

Ob wir gerade eine körperliche Bewegung erlernen – wie das Schlagen eines Tennisballs – oder eine geistige – wie zwei und zwei zusammenzuzählen -, oder eine emotionale – wie die Empfindung von Seligkeit oder Wut durch unser Nervensystem strömen zu lassen: Die Erfahrung einer jeden solchen Bewegung ist - man kann es nicht genug betonen – eine totale *Jetzt*-Erfahrung. Die Grundlage jeder Meisterschaft ist die Fähigkeit, seine Aufmerksamkeit auf das jeweils gerade sich Ereignende gerichtet zu halten. Wir *lernen*, wenn wir etwas Neues erfahren; das Vergnügen, etwas in vollkommener Weise auszuführen, ist ebenfalls eine Empfindung des gegenwärtigen Augenblicks.

Wir erleiden dann Schäden, wenn wir uns geistige Einstellungen angewöhnen, die uns vom gegenwärtigen Augenblick ablenken. Ich will damit natürlich dem psychischen Vorgang des Erinnerns und des Vorausplanens keineswegs seinen Wert absprechen; doch irgendwann kommt der Zeitpunkt, wo es notwendig wird, sich in den gegenwärtigen Augenblick zurückzuversetzen – wenn man einen weiteren Schritt in Richtung auf die Meisterung einer beliebigen Tätigkeit machen will.

Somit ist der beste Lehrer – der wahre Meister – derjenige, der dem Kind hilft, sich in einer solchen Weise auf den gegenwärtigen Augenblick zu konzentrieren, daß es ihm gelingt, einen neuen Schritt rasch, gründlich und mit einem Gefühl freudiger Zuversicht und Befriedigung zu erlernen. An weitere Schritte zu denken, die künftig auf einen zukommen werden, bringt einen nur davon ab, an der Vervollkommnung der *gegenwärtig* anstehenden Stufe zu arbeiten. Das gleiche gilt, wenn man gedanklich allzusehr beim bereits bewältigten Abschnitt des Lernprozesses verweilt.

Denken Sie unter diesem Gesichtspunkt an Ihren Vater zurück – oder an die sonstige männliche Person, die bei Ihnen Vaterstelle vertrat. Was für Lern-Gewohnheiten haben Sie von diesem Mann übernommen? Half er Ihnen, sich auf die jeweils anstehenden Schritte nacheinander zu konzentrieren? Leitete er Sie über eine Folge von Jetzt-Erfahrungen, die Sie zu guter Letzt zur vollständigen Beherrschung des fraglichen Prozesses führten? Fehlte ihm die Geduld und drängte er Sie zu rasch vorwärts, ohne Ihnen die angemessene Zeit dafür zu lassen, die einzelnen Schritte des Weges zu verinnerlichen?

Wenn Sie sich an Ihren Vater erinnern: Wie sehen Sie ihn die zur Zeit Ihrer Kindheit täglich anfallenden Pflichten erledigen? Waren seine Bewegungen ausgewogen und anmutig oder war er immer halb in Gedanken an Vergangenheit und Zukunft versunken? Wenn er mit neuen Aufgaben konfrontiert wurde: machte er sich dann voller Ruhe und Zuversicht daran, sie zu bewältigen – oder stellte er sich dabei eher ungeschickt an?

Außer der grundsätzlichen »Meister-Programmierung«, die während Ihrer Kindheit von Eltern und anderen Erwachsenen an Ihnen vorgenommen wurde, gab es einen weiteren potentiell schädigenden Einfluß, der gleichsam ständig im Raum schwebte. Dieser zusätzliche Faktor war die – positive oder negative – Beurteilung, die Sie von damals für Sie wichtigen Menschen erfuhren. In diesem speziellen Zusammenhang erhält der Begriff des »Schadens« für viele von uns eine schmerzlich wörtliche Bedeutung.

Ein Meister ist jemand, der imstande ist, zu erkennen, von wieviel Lob und Kritik der »Lehrling« am meisten profitieren würde, und der außerdem dieses Feedback in einer zugleich klaren und liebevollen Weise vermitteln kann. Wie waren Ihre Eltern in dieser Hinsicht? Haben sie Sie für absolut alles, was Sie taten, mit maßlosen Lobeshymnen überschüttet, wodurch Ihre tatsächliche, kindlich-bescheidene Leistung bis zur Unkenntlichkeit verzerrt wurde? Oder haben sie Sie dagegen ständig heruntergeputzt, indem sie grundsätzlich an Ihren Leistungen herumkritisierten und immer nur auf Ihre Fehler hinwiesen, ohne ihre Kritik auch ausreichend mit Lob und Bestätigung auszugleichen?

Kinder sind von Natur aus äußerst empfänglich für jede Art von Lob und Kritik. Wir alle fühlten uns früher sehr leicht verletzt, wenn unsere Bemühungen nicht mit angemessenem Lob entlohnt wurden. Die meisten meiner Klienten, die an Minderwertigkeitsgefühlen und mangelnder Selbstachtung leiden, wurden in ihrer Kindheit genau in dieser Hinsicht beschädigt. Der Schaden wirkt sich solange weiter aus, bis der Klient bewußt geeignete Maßnahmen ergreift, um ein neues, von den elterlichen Projektionen unabhängiges Selbstbild zu entwickeln.

Wie beurteilen Sie gefühlsmäßig Ihre Fähigkeit, mit neuen Aufgaben im Leben fertig zu werden und bei allem, was Sie in Angriff nehmen, Schritt für Schritt einen hohen Grad der Vollkommenheit zu erreichen? Sind Sie in Ihren Augen ein Mensch, der neue Aufgaben erfolgreich bewältigen kann – oder ist Ihre

Selbsteinschätzung eher negativ; trauen Sie sich nur wenig oder gar nichts zu? Atmen Sie – und schauen Sie, was Ihnen zu Bewußtsein kommt.

Wenn ein Kind Eltern hat, die es nicht mit einem ausreichenden Ausmaß an realistischem Lob und Kritik unterstützen, wird es als Erwachsener seine eigenen Kinder mit großer Wahrscheinlichkeit entweder ganz genauso behandeln oder aber ins entgegengesetzte Extrem verfallen – was nicht minder schädlich sein kann. Vielleicht möchten Sie Ihr heutiges Verhalten im Umgang mit Ihren eigenen Kindern oder auch mit anderen Menschen unter diesem bestimmten Gesichtspunkt überdenken: Sind Sie jemand, der Lob und Kritik weise und ausgewogen einzusetzen weiß – oder neigen Sie eher zu einem einseitigen Verhalten, indem Sie den Leistungen anderer Menschen entweder allzu kritisch begegnen oder aber sie in einer derart unrealistischen Weise mit Lob überschütten, daß es das Selbstbild eines Kindes zwangsläufig über Gebühr aufblähen und damit verfälschen muß?

Zum Abschluß dieses Kapitels möchte ich Ihnen die Gelegenheit geben, in aller Ruhe in Ihre Vergangenheit zurückzublicken und über verschiedene Lehrer nachzudenken, die Sie auf Ihrem Weg zur Meisterschaft begleitet haben. Erinnern Sie sich beispielsweise an Schullehrer, die Sie bei Ihrer Entwicklung förderten, und an solche, die Sie entmutigten und Ihnen dadurch den Weg zum Erfolg verbauten; vergegenwärtigen Sie sich, wie Sie sich durch die Kritik von Gleichaltrigen verletzt fühlten; und erinnern Sie sich ebenso an bestimmte Dinge, die Sie taten, die gut gelangen und Ihnen auch entsprechendes Lob einbrachten.

Kapitel 6

Ihre persönliche Meisterschaft

Wir haben jetzt viel Zeit damit zugebracht, über Erfahrungen nachzudenken, die Sie in der Vergangenheit im Zusammenhang mit dem Lernprozeß und mit dem Problem der Meisterschaft gemacht haben. In diesem Kapitel können wir zur Betrachtung Ihrer *gegenwärtigen* Einstellung zur Meisterschaft übergehen. Insbesondere wollen wir uns dabei mit Ihrem diesbezüglichen Selbstbild in seinem Verhältnis zu Ihren tatsächlichen derzeitigen Fähigkeiten auseinandersetzen.

Unser gesamtes Selbst- und Welterleben wird ununterbrochen durch den Teil unseres Gehirns gefiltert, in dem unser Selbstbild – der Begriff, den wir von uns selbst haben – aufbewahrt wird. Jeder von uns verfügt über eine ganze »Datenbank« von Auffassungen über seine Fähigkeit, den verschiedenen Anforderungen des Lebens zu begegnen. Diese grundsätzlichen Einstellungen legen dann auch fest, in welcher Weise wir auf jede neue Herausforderung reagieren.

Es sind nicht unbedingt unsere tatsächlichen Fähigkeiten, die unsere jeweilige Leistung in der einen oder anderen Situation bestimmen, sondern die *Vorstellung*, die wir von unseren Fähigkeiten haben. Angenommen, wir haben in der Vergangenheit Erfahrungen gemacht, aus denen wir schließen zu müssen glaubten, daß wir beispielsweise unfähig sind, Tennis zu spielen, Kuchen zu backen, oder Fremdsprachen zu lernen; dann werden wir, noch ehe wir uns überhaupt an der jeweiligen Tätigkeit versucht haben, uns jedesmal mit unserer negativen Einstellung selbst von vornherein außer Gefecht setzen.

In diesem Kapitel möchte ich Ihnen dabei helfen, zu einer

realistischen Einschätzung Ihrer Möglichkeiten in verschiedenen Bereichen des menschlichen Lebens zu gelangen. Wenn Sie sich Ihre Fähigkeiten, Ihre früheren Erfolge und Ihre Einstellung zum Erfolg auf den verschiedenen Gebieten bewußtmachen, können Sie den außerordentlich wichtigen Prozeß der Korrektur Ihrer gegenwärtigen (oft einengenden) Einstellung zur Meisterschaft einleiten.

Es ist zweifellos wahr, daß jeder von uns mit gewissen Anlagen geboren wird, die ihn dazu befähigen, bestimmte Aufgaben im Leben besonders gut zu meistern; ebenso gibt es Tätigkeiten, für die wir weniger begabt sind. Jedes Gehirn ist eine einmalige Schöpfung und verfügt über eine einzigartige Konstellation bestimmter – und in einem ganz bestimmten Grad ausgeprägter – Fähigkeiten, genauso wie jeder Körper seine genetisch bedingten Stärken und Schwächen hat.

Seine starken und seine schwachen Seiten zu erkennen und daran zu arbeiten, um sich auf allen Ebenen zu verbessern, ist eine der wichtigsten Pflichten überhaupt, die wir im Leben zu erfüllen haben. Der folgende allgemeine Rahmen wird Ihnen dabei helfen, Ihren derzeitigen Stand und Ihr Potential einzustufen.

Körperliche Leistungsfähigkeit

Überlegen Sie zunächst einmal, welche körperlichen Tätigkeiten Sie meisterhaft, anmutig und erfolgreich ausführen können.

1. Haben Sie jemals bei irgendeiner sportlichen Veranstaltung gut abgeschnitten?
2. Wären Sie körperlich immer noch imstande, bei einer sportlichen Veranstaltung Ihrer Wahl gut abzuschneiden?
3. Haben Sie ein negatives Selbstbild, das Sie daran hindert, aktiv Sport zu treiben?

4. Haben Sie allgemein Freude an körperlicher Bewegung?
5. Bewegen Sie sich bei allem, was Sie tun, mit einer natürlichen Geschmeidigkeit und Anmut?
6. Beherrschen Sie die Kunst, Ihren Körper gesund und in Form zu halten?
7. Möchten Sie Ihr Selbstbild in körperlicher Hinsicht verbessern?

Um aus diesen Fragen den größtmöglichen Nutzen zu ziehen, wird es allerdings nötig sein, daß Sie eine bestimmte Therapietechnik anwenden, mit deren Hilfe Sie die Antworten aus den unbewußten Tiefen Ihrer Persönlichkeit hervorholen können.

Versetzen Sie sich zuerst ganz in den gegenwärtigen Augenblick, indem Sie sich, wie ich es Ihnen bereits erklärt habe, in die Empfindung der durch Ihre Nase ein- und ausströmenden Luft einstimmen. Dehnen Sie dann Ihre Aufmerksamkeit aus, um die Bewegungen zu spüren, die Ihre Brust und Ihr Unterleib bei jedem Atemzug ausführen. Dehnen Sie sich dann noch weiter aus, bis Ihnen Ihr ganzer Körper zugleich, hier im gegenwärtigen Augenblick, bewußt wird.

In diesem Zustand gesteigerten Bewußtseins – der Ihnen mit jeder weiteren Erfahrung besser gelingen wird – lesen Sie nun die erste Frage. Wiederholen Sie sie dann im Geist, aber diesmal in der ersten Person (Frage 1): »Habe ich jemals bei irgendeiner sportlichen Veranstaltung gut abgeschnitten?«

Lassen Sie diese Frage in Ihrem Geist nachhallen; schließen sie die Augen; stimmen Sie sich in Ihre Atmung ein; wiederholen Sie dieselbe Frage noch einmal – und lassen Sie sie diesmal einfach lautlos in Ihrem Inneren fortbestehen, während Sie gleichzeitig Ihren Atem beobachten.

Meistens werden Sie in diesem Zustand feststellen, daß Emotionen, Bilder, Erinnerungen und Einsichten ganz zwanglos an die Oberfläche Ihres Bewußtseins steigen – und an diesem Punkt kann Ihr Selbstbild beginnen, sich zu erweitern.

Jetzt schlage ich vor, daß Sie sich in aller Ruhe nach der eben beschriebenen Methode möglichst tief in jede der obigen sieben Fragen versenken.

Hier sind noch einige Fragen zum selben Thema:

8. Gibt es körperliche Tätigkeiten, die Sie regelmäßig gekonnt, mit Freude, Anmut und Selbstvertrauen ausüben?
9. In welchen körperlichen Tätigkeiten würden Sie es gern zu einem höheren Grad der Meisterschaft bringen?
10. Sind Sie Herr über Ihren Körper?

Halten Sie wieder bei jedem Punkt inne und zelebrieren Sie das Versenkungsritual, das ich Ihnen gerade beschrieben habe, um zum innersten Zentrum jeder einzelnen Frage zu gelangen.

Geistige Leistungsfähigkeit

Welch einen gewaltigen Raum nimmt doch die Dimension des Geistes in unser aller Leben ein! Wir denken in unserer modernen Zeit alle weit mehr, als daß wir physisch handelten, uns körperlich betätigten; und selbst über Erfolg oder Mißerfolg rein körperlicher Aktivitäten entscheidet letzlich die Leistungsfähigkeit unseres planenden und die Aufsicht führenden Geistes. In diesem Abschnitt möchte ich mich also mit Ihnen auf die Frage konzentrieren, inwieweit Sie die Fähigkeit besitzen, bestimmte Erkenntnisabläufe rasch, exakt und auch mit Spaß an der Sache durchzuführen. Lassen Sie sich auch hier wieder von einigen Schlüsselfragen in das Thema einstimmen:

1. Waren Sie gut in der Schule?
2. Haben Sie gern gelernt? Hat es Ihnen Spaß gemacht, sich mit den verschiedenen Fächern zu beschäftigen?
3. Sind Sie imstande, etwaig auftretende Probleme mit Hilfe

der Kenntnisse, die Sie sich in der Schule angeeignet haben, systematisch, Schritt für Schritt zu lösen?

4. Wie beurteilen andere Menschen Ihre geistigen Fähigkeiten?
5. In welchen Fächern brachten Sie in der Schule die besten Leistungen?
6. Welche Fächer bereiteten Ihnen die größten Schwierigkeiten und interessierten Sie am wenigsten?
7. Haben Sie sich auch nach Ende Ihrer Schulzeit einen wachen und aktiven Geist bewahrt?

Nehmen Sie sich jetzt wieder etwas Zeit; schließen Sie, nachdem Sie jeweils eine Frage gelesen haben, die Augen, stimmen Sie sich in Ihre Atmung ein, wiederholen Sie sich die Frage in der ersten Person und lassen Sie dann alle Erinnerungen, Bilder und Einsichten, die Ihnen diesbezüglich in den Sinn kommen, ganz zwanglos aufsteigen.

Letzlich ist jeder von uns für seinen eigenen Geist verantwortlich; die Meisterung des Denkens ist daher eine ständige persönliche Herausforderung, welcher wir uns auch unabhängig von schulischen oder etwaigen beruflichen Zwängen stellen sollten. Wir *müssen* die grundlegenden intellektuellen Prozesse des menschlichen Geistes – soweit wie nur irgend möglich – meistern und uns selbst für jede Erkenntnisleistung, die wir bewältigen, die entsprechende Anerkennung zollen. Es ist auch sehr wichtig, daß wir das Denken und Problemlösen von allen negativen emotionalen Vorzeichen befreien und dadurch auch an geistiger Aktivität Freude haben können.

8. Macht es Ihnen Spaß, Probleme zu durchdenken?
9. Welches Problem haben Sie in letzter Zeit gelöst, dessen Durchdenken und Lösen Ihnen Freude bereitet hat?
10. Glauben Sie, daß sie Ihre geistige Leistungsfähigkeit steigern könnten?

11. Können Sie – jetzt, in diesem Augenblick – spüren, wie Ihr Bewußtsein arbeitet und spielt?
12. Sind Sie mit Ihrem Denken grundsätzlich zufrieden, oder würden Sie es in gewissen Bereichen geistiger Aktivität gern zu einer größeren Meisterschaft bringen?

Erkennen Sie, wie diese Fragen ebendieselben gedanklichen Prozesse anregen, auf die sie sich beziehen, und achten Sie auf den Grad an Meisterschaft, mit welchem Sie über die möglichen Antworten nachdenken.

Emotionale Reife

Wir haben uns über diesen Aspekt emotionaler Meisterschaft zwar schon unterhalten, doch ich möchte die Erörterung auch hier mit Hilfe einiger Fragen ganz in den gegenwärtigen Augenblick verlegen:

1. Haben Sie das Gefühl, von Ihren Gefühlen beherrscht zu werden, oder sind Sie imstande, sie nach Belieben zu kontrollieren?
2. Geschieht es oft, daß Sie in dem einen oder anderen negativen emotionalen Zustand steckenbleiben – oder sind Sie fähig, sich willentlich aus einer solchen »gefühlsmäßigen Verkrampfung« zu befreien?
3. Sind Sie im allgemeinen emotional ausgeglichen, oder gibt es eine oder zwei Emotionen, die Ihr Leben beherrschen?
4. Beherrschen Sie die Kunst, sich von Situationen, die allzu aufwühlend werden, emotional zu distanzieren?
5. Besitzen Sie andererseits auch die Fähigkeit, sich – wenn es angebracht erscheint – Ihren Gefühlen völlig hinzugeben?

Diese Fragen werden eine besonders starke Reaktion bei Ihnen hervorrufen, wenn Sie sie mit der einfachen Meditationstechnik kombinieren, die ich Ihnen zu Anfang dieses Kapitels beigebracht habe. Die Hauptsache dabei ist, daß Sie sich Ihrer Atmung bewußt bleiben, wenn Gefühle und Intuitionen an die Oberfläche steigen – und daß Sie durch den Mund ausatmen, um etwaige Emotionen freizusetzen, die sich während Ihrer Reflexion in Ihrem Inneren aufstauen. Versuchen Sie das jetzt mit diesen fünf Fragen; halten Sie nach jeder einzelnen inne und schließen Sie dabei die Augen für die Dauer von fünf, zehn, zwanzig Atemzügen.

Es gibt noch ein paar konkrete Fragen, die ich Ihnen mit auf Ihrem Weg zur emotionalen Reife geben möchte. Seine Gefühle zu meistern bedeutet, sie auf Wunsch zügeln oder beherrschen zu können, sie aber auch – wenn es angenehm oder angebracht erscheint – frei fließen zu lassen. Mit jedem neuen Lebensabschnitt kommt eine neue Ebene emotionalen Wachstums auf uns zu, die es zu bewältigen gilt. Tief in seinem Inneren ist sich der Mensch in erster Linie durch das Zusammenspiel seiner Wahrnehmungen, Gedanken und daraus resultierenden gefühlsmäßigen Reaktionen seiner selbst bewußt. Es ist deshalb nicht möglich, seine Gefühle zu meistern, ohne gleichzeitig auch Meister seines Denkens zu sein. Ab und an sind wir wohl imstande, völlig abstrakt, emotionslos zu denken; doch die meisten Gedanken sind so beschaffen, daß sie Emotionen in uns erwecken. Wenn ich hier also Fühlen und Denken auch gesondert behandle, vergessen Sie bitte nicht, daß der Weg zur Vollkommenheit ein einziger, ungeteilter Prozeß ist. Allzuhäufig bringen es die Menschen auf dem Gebiet intellektueller Erkenntnis zu einer wahren Meisterschaft, scheitern dann aber an der Hürde ihrer Emotionen – können vielleicht im intellektuellen oder geschäftlichen Bereich große Erfolge verbuchen, fühlen sich aber bei intimeren Gefühlsbeziehungen schrecklich verwirrt und hilflos.

6. Sind Sie mit Ihrem Gefühlsleben zufrieden?
7. Leiden Sie unter bestimmten emotionalen Schwächen und Zwängen, die zu meistern Sie lernen müßten?
8. Welche Emotionen genießen Sie besonders und können Sie in einer reifen Weise zum Ausdruck bringen?
9. Welche Emotionen erwecken in Ihnen ein Gefühl eigener Unreife, wenn Sie sie zum Ausdruck zu bringen versuchen?
10. Verspüren Sie das Bedürfnis nach praktischer Anleitung, um ein reiferes, ausgeglicheneres Verhältnis zu Ihren eigenen Gefühlen entwickeln zu können?

Intuitionsfähigkeit

Außer den drei grundlegenden menschlichen Funktionen des Denkens, Fühlens und der Bewegung existiert ein vierter Aspekt von Bewußtsein und innerer Aktivität, den man als »spirituelle Meisterschaft«, »Weisheit«, »Empfänglichkeit«, »Transzendenz« oder »intuitive Klarheit« bezeichnen könnte. Es besteht kein Zweifel, daß die Intuition eine eigenständige Funktion des menschlichen Geistes ist; doch bis auf den heutigen Tag konnten nur äußerst wenig konkrete, wissenschaftlich fundierte Erkenntnisse über ihr Wesen gewonnen werden. Ich habe schon mehrere Bücher eigens über dieses Thema geschrieben und muß mich im jetzigen Kontext auf ein paar ganz allgemeine Hinweise beschränken, wie Sie diesen inneren Vorgang meistern können.

Manche Menschen meinen, es sei unmöglich, willentlich und bewußt weise zu werden. Ich halte diese Auffassung jedoch für grundfalsch: Weisheit ist *allerdings* etwas, das man sich bewußt aktiv aneignen muß – rumzusitzen und tatenlos darauf zu hoffen, daß sie einem zuteil werde, bringt sie keinen Schritt näher. Der spirituelle Weg *erscheint* zwar mühelos, doch ehe die plötzlichen Einsichten von allein aufblitzen, ist eine ganze Menge aktiver Vorbereitung nötig. Schauen wir uns jetzt einmal an, was Sie gegenwärtig von Ihren eigenen intuitiven Fähigkeiten halten:

1. Sind Sie ein intuitiver Mensch?
2. Haben Sie schon jemals Ebenen des Bewußtseins erfahren, die jenseits des Denkens und des Fühlens zu liegen schienen?
3. Kennen Sie praktische Methoden, um intuitive Einsichten herbeizuführen oder zu begünstigen?
4. Beherrschen Sie die Kunst, Ihre Gedanken und Gefühle zur Ruhe zu bringen, um sich spirituellen Erfahrungen zu öffnen?
5. Würden Sie Ihre gegenwärtige Fähigkeit, erweiterte Bewußtseinsebenen zu erreichen, gern noch weiter vervollkommnen?

Nehmen Sie sich zum Abschluß noch einmal ein paar Minuten Zeit, um unser Versenkungsritual mit jeder einzelnen dieser letzten Fragen durchzuführen. Ich hoffe auch, daß Sie in den kommenden Tagen und Wochen immer wieder Gelegenheit finden werden, zu diesem Kapitel zurückzukehren und jede Frage mehrmals zu überdenken – um jedesmal ein bißchen tiefer in die verschiedenen Bereiche Ihres Bewußtseins einzudringen, welche die Fragen jeweils erwecken sollen. Ich möchte Ihnen auch wärmstens empfehlen, sich für den ganzen Rest Ihres Lebens wenigstens einmal alle paar Monate wieder den Fragen in diesem Kapitel zu stellen, um Ihr »Meister-Selbstbildnis« von neuem zu überprüfen.

Kapitel 7

Die Reaktivierung des Geistes der Meisterschaft

Ein im Englischen geläufiges Sprichwort besagt, man könne einem alten Hund keine neuen Kunststücke beibringen. Darin steckt leider ein gewisser psychologisch und neurologisch wahrer Kern. Solange ein Hund jung ist, kann er von einem guten Ausbilder ohne Schwierigkeiten eine ganze Menge verschiedener Bewegungen und sogar recht komplizierte Abläufe erlernen. Ist aber die Jugend dahin, fallen dem Hund neue Kunststücke immer schwerer; ein *alter* Hund lernt dann tatsächlich nichts Neues mehr.

Bei der menschlichen Psyche läßt sich eine bis zu einem gewissen Grad vergleichbare Entwicklung aufzeigen – und darauf spielt wiederum das deutsche Sprichwort an: »Was Hänschen nicht lernt, lernt Hans nimmermehr.« Es gibt bei kleinen Kindern eine Phase, in der sie sich neue und sogar ziemlich komplexe Wissensinhalte – eine Fremdsprache etwa – mit der größten Leichtigkeit aneignen können. Schon im Alter von fünf oder sechs Jahren aber beginnt diese wunderbare Aufnahmebereitschaft nachzulassen, und bereits für einen durchschnittlichen Zwanzigjährigen ist das Erlernen einer neuen Sprache mit recht großen Schwierigkeiten verbunden.

Kinder sind zuerst und vor allem lernende Wesen: Ihre große Aufgabe ist es, sich so viele Fertigkeiten wie möglich anzueignen, um später als Erwachsene imstande zu sein, aus eigener Kraft zu überleben. Doch der Mensch verfügt über eine weitaus vielschichtigere und leistungsfähigere Psyche als der Hund. So geht seine Lernfähigkeit (wenngleich es bei zunehmendem Alter tatsächlich immer schwieriger erscheint, etwas Neues zu meistern) auch im Erwachsenenalter keineswegs verloren – ja sie nimmt in mancherlei Hinsicht sogar noch zu.

Dieses Kapitel ist den »reiferen Jahrgängen« – fünfundzwanzig und darüber – unter uns gewidmet, die den Wunsch verspüren, diesen Lernprozeß in sich wieder zum Leben zu erwecken und ihn für den Rest ihres Lebens fortzusetzen. Diese Reaktivierung hat mehrere Dimensionen, wie ich noch zeigen werde.

Zuerst gilt es, das »Abenteuer des Lernens« wiederzuentdekken – sich wieder daran zu erinnern, wie *aufregend* es ist, sich etwas Neues anzueignen oder bereits früher erworbene Fähigkeiten zu vervollkommnen. Kinder fangen nicht deswegen an zu lernen, weil sie etwa dazu gezwungen würden; sie lernen, weil die Umwelt sie mit Neugierde erfüllt – weil sie begierig sind zu erfahren, wie sie mit den Dingen, die sie in ihrer Umgebung vorfinden, umgehen können.

Haben Sie diesen Forschergeist verloren? Wurde er Ihnen vielleicht durch ein Übermaß an erzwungener Büffelei gewaltsam ausgetrieben? Eine gute Methode, um dieses erregende Gefühl wieder lebendig werden zu lassen, besteht darin, zu entsprechenden vergangenen Erfahrungen mit sich und der Welt zurückzukehren und die Entdeckergefühle, die einen dabei erfüllten, neu zu durchleben.

Solche Erinnerungen werden in der Regel ohne Schwierigkeiten auftauchen, wenn Sie sich nur ein paar Minuten Zeit dazu nehmen und die Bereitschaft haben, alles anzunehmen und zu genießen, was immer da kommen mag. Wenn Sie diesen Absatz fertiggelesen haben, legen Sie das Buch kurz beiseite; stimmen Sie sich zuerst wieder in Ihre Atmung und Ihren ganzen Körper ein, hier im gegenwärtigen Augenblick. Bleiben Sie in diesem erweiterten Zustand und öffnen Sie sich jeder Erinnerung an einstige Freuden des Lernens, die Ihnen dann in den Sinn kommen mag. Schließen Sie die Augen, wenn dies den Erinnerungsvorgang erleichtert, und kosten Sie die Empfindungen aus, die Sie in der Aneignung von Kenntnissen und Fertigkeiten wiederentdecken.

Einer der ärgsten Zerstörer der Freude am Lernen ist der Zeitdruck. Als die Kindheitsjahre vergingen, wurden die meisten von uns in der Schule in immer stärkerem Maße diesem Druck ausgesetzt. Mit einem Male lernte man nicht mehr, weil es Freude machte: Man lernte, weil man es mußte und bestraft wurde, wenn man es *nicht* tat. So kam es, daß schon der bloße Akt des Lernens für die meisten von uns mit negativen Assoziationen von Lustlosigkeit und Zwang befrachtet wurde.

Wie kann man das als Erwachsener umgehen? Wie kann man sich von überkommenen Assoziationen befreien?

Ganz einfach: Stellen Sie bewußt neue, positive Gedanken- und Gefühlsverbindungen her, und diese werden die alten überlagern und letztlich vollkommen auslöschen!

Nehmen wir einmal das Kochen als Beispiel – wenn Sie normalerweise überhaupt keinen Spaß daran haben, um so besser. Überlegen Sie, was Sie jetzt gern essen würden. Nehmen Sie dann ein Kochbuch zur Hand und schlagen Sie das Rezept nach, welches den zur Bewältigung dieser bestimmten kulinarischen Aufgabe notwendigen Prozeß Schritt für Schritt erläutert.

An diesem Punkt ist es wichtig, daß Sie nicht gedankenlos in die gewohnten Verhaltens- und Empfindungsmuster verfallen, mit denen Sie normalerweise an einen solchen schöpferischen Prozeß herangehen: Seien Sie sich Ihrer entsprechenden Gewohnheiten bewußt! Achten Sie insbesondere darauf, ob Sie das Bewußtsein Ihrer Atmung verlieren, sobald Sie sich daran machen, die verschiedenen Anweisungen des Kochbuches zu befolgen. Und machen Sie sich bewußt, ob Sie sich gehetzt fühlen – selbst, wenn objektiv keinerlei Veranlassung dazu besteht!

Ein geruhsames Tempo ist eines der Dinge, die uns wirklich Freude an der Arbeit schenken können. Genauso lernt man etwas Neues dann am besten, wenn man dabei gemächlich und entspannt vorgeht und dadurch überhaupt erst die Möglichkeit hat, den Prozeß mit Freude und Genuß mitzuverfolgen. Wenn Sie dagegen hetzen, können Sie sich die notwendigen Schritte und die einzelnen Erkenntnisse, die den Lernprozeß ausmachen, nicht oder nur unvollkommen einprägen; und Sie werden es dann – gleichgültig, wie oft Sie den ganzen Vorgang noch wiederholen – nie zur *wirklichen* Meisterschaft darin bringen.

Bleiben wir noch ein bißchen bei unserem »Kochkurs«. Wie Sie sehen werden, können wir daraus noch eine ganze Menge lernen! Denken Sie als nächstes darüber nach, welche grundsätzlichen Fertigkeiten und Eigenschaften erforderlich sind, um ein neues Kochrezept zu meistern: Denken, Fühlen, körperliche Bewegung, Genauigkeit und Intuition – was davon werden Sie wohl einsetzen, um ein vollkommenes Soufflé oder Mandelplätzchen zu erzielen?

Ohne Zweifel werden auf jeden Fall die ersten drei zum Zuge kommen. Wenn es Ihnen so geht wie mir, werden Sie auch den Wunsch verspüren, Ihrer schöpferischen Phantasie ein wenig Spielraum zu lassen, das Rezept gelegentlich zu variieren und dadurch in mehr als nur physischer Hinsicht am kreativen Prozeß beteiligt zu sein.

Sie fangen damit an, daß Sie sich mit Hilfe unserer Meditation vollkommen in den gegenwärtigen Augenblick versetzen – dahin, wo der Lernprozeß und der Schöpfungsakt stattfinden werden.

Dann folgt die intellektuelle, gedankliche Aufgabe, das Rezept zu lesen und zu entscheiden, wie die erforderlichen Zutaten, Küchengeräte und sonstigen Hilfsmittel am zweckmäßigsten um Sie herum angeordnet werden können – so, daß sie griffbereit sind, ohne Ihnen doch im Wege zu stehen, und möglichst in der Reihenfolge, in der Sie sie später brauchen werden.

Schließlich gehen Sie mit den vereinten Kräften von Körper und Geist ans Werk und führen die verschiedenen, mehr oder weniger komplizierten Hand- und Körperbewegungen aus, die die im Rezept vorgeschriebenen Tätigkeiten erfordern.

Genau an diesem Punkt kommen die Gefühle ins Spiel! Sie können es jetzt entweder zulassen, daß negative Empfindungen – verursacht von den Gedanken, Erinnerungen, Befürchtungen und Sorgen, die Ihnen während der Arbeit durch den Kopf gehen – Gewalt über Sie erlangen; oder Sie können Ihrer Gefühle und Gedanken Herr werden, in Ihre »kreative Gegenwart« eingestimmt bleiben und sich *gestatten*, Spaß an der Sache zu haben!

Als wir noch Kinder waren, erlaubten uns Eltern und Lehrer immer wieder mal, uns einfach zu amüsieren, Spaß zu haben. Wir ließen es uns in der Regel nicht zweimal sagen, rannten los, spielten und ergriffen jede sich bietende Gelegenheit, unsere vielfältigen Fertigkeiten unter Beweis zu stellen. Als Erwachsene jedoch haben wir normalerweise niemanden, der uns eine solche ausdrückliche Erlaubnis erteilt, und so müssen wir – wie ich schon in vielen anderen Büchern dieser Art erklärt habe – es uns *selbst* gestatten! Tun wir es nämlich nicht, bleiben wir in emotionalen Gewohnheiten stecken, die zwar oft alles andere als vergnüglich sind, aber dennoch aufgrund früherer Programmierung immer wieder die alten Empfindungsmuster in uns ablaufen lassen.

Wie simpel das klingt und wie unglaublich wirkungsvoll es doch ist, während jeder beliebigen Tätigkeit mehrmals innezuhalten und sich bewußtzumachen, ob man Spaß an der Sache hat – und sich gegebenenfalls die ausdrückliche Erlaubnis dazu zu geben!

Aber wie *hat* man Spaß?

»Spaß« ist laut Wörterbuch »Freude, Vergnügen, das man an einem bestimmten Tun hat«. Vergnügen ist eine weitgehend körperliche Empfindung, ein Gefühl, das man in seinem Körper verspürt. Freude findet sich in der harmonischen Integration körperlicher und seelischer Empfindungen. Gönnen Sie sich zuerst, entgegen Ihrer sonstigen Gewohnheit, einige tiefe Atemzüge – dehnen Sie Ihren Brustkorb, lassen Sie Ihre Atmung sich entkrampfen. Bewegen Sie Ihren ganzen Körper und entdecken Sie die Freude der reinen Bewegung. Probieren Sie schließlich aus, ob es Ihnen gelingt, die erste Tätigkeit, die unser Kochrezept von Ihnen verlangt, als eine anmutige Folge spielerischer, Vergnügen bereitender Präzisions-Bewegungen auszuführen. Genau das ist nämlich in den allermeisten Fällen das wesentliche Merkmal der Meisterschaft!

Viel hängt auch davon ab, daß wir unsere Bewegungen von unseren Sinnen leiten lassen. Mit dem Vergnügen, das Sie beim Betrachten Ihrer verschiedenen Handgriffe verspüren, dem Vergnügen am Riechen und Schmecken der unterschiedlichen Zutaten, dem Vergnügen an den vielfältigen Berührungen und Tastempfindungen, die der Kochvorgang mit sich bringt, sind alle Ihre Sinne gegenwärtig und beteiligen sich daran, Ihnen Freude an Ihrer Tätigkeit zu verschaffen *und* Sie zugleich beim Lernprozeß zu unterstützen. Wenn Sie in Ihre sinnlichen Wahrnehmungen eingestimmt sind, werden Sie eine körperliche Aufgabe weit schneller meistern, als wenn sie unter Zeitdruck vorgehen und dabei immer an den nächsten Schritt denken – anstatt sich an dem einen zu erfreuen, den Sie jetzt gerade bewältigen.

Haben sie sich erst einmal ganz in Ihren Körper, Ihre sinnlichen Erfahrungen und die vom Rezept vorgeschriebene logische Abfolge von Einzelschritten eingestimmt, sind Sie auch bereit, die vor Ihnen aufgereihten Zutaten mit Vergnügen miteinander zu kombinieren und sie in Ihre persönliche, einzigartige Schöpfung umzuwandeln. Wenn Ihre Atmung entspannt ist und Ihre Gefühle mit Ihrem Vorhaben in Einklang sind, werden sie merken, daß Sie bei der Arbeit ganz vergnügt vor sich hin pfeifen und daß Sie sich die verschiedenen Schritte rasch aneignen; und Sie werden die Sache zu guter Letzt mit dem schönen Gefühl abschließen, etwas Ordentliches geleistet und ein köstliches Gericht für sich und Ihre Freunde gekocht zu haben.

Das mit dem Kochrezept war natürlich nur ein Beispiel. Es ist aber so, daß die allermeisten Aufgaben, mit denen wir konfrontiert werden und die wir meistern möchten, sich als eine Abfolge einzeln erlernbarer Schritte – durch ein »Rezept« – darstellen lassen. Es gibt heutzutage »Do-it-yourself-Bücher« für (praktisch) alles nur Erdenkliche; es gibt sogar eines, nach dessen

Anleitung Sie sich eine Atombombe basteln können! Ich hoffe natürlich, Sie ziehen es vor, sich mit der Herstellung von Mandelplätzchen zu begnügen, doch der Prozeß, der Sie zur jeweiligen Meisterschaft führt, ist in beiden Fällen tatsächlich der gleiche: Halten Sie sich an die Anweisungen, versetzen Sie sich in den gegenwärtigen Augenblick, bleiben Sie ausgeglichen und in Ihren Wahrnehmungen und Empfindungen zentriert – und übernehmen Sie die Verantwortung für Ihr Produkt!

Es gibt noch eine weitere wichtige Regel, die Sie unbedingt beachten müssen, wenn Sie Ihre Lernfähigkeit – Ihren »Geist der Meisterschaft« – reaktivieren wollen. Jeder gute Lehrer weiß, daß man ein Kind niemals überfordern sollte – daß kein neuer Lerninhalt die derzeitigen intellektuellen oder körperlichen Möglichkeiten des Kindes übersteigen, kein Einzelschritt zu groß bemessen sein darf. Das gleiche gilt auch, wenn der Lernende ein Erwachsener ist. Nehmen Sie sich in acht, daß Sie nicht ständig Herausforderungen annehmen, die Ihre augenblicklichen Kräfte übersteigen – und damit zwangsläufig immer wieder scheitern und Ihre ohnehin negative Einschätzung Ihres Meisterschaftspotentials noch weiter bestärken. Wenn Sie immer zu hoch hinauswollen, fallen Sie um so tiefer und fühlen sich anschließend scheußlich und minderwertig.

Denken Sie kurz darüber nach, ob Ihre Eltern realistische Anforderungen an Sie stellten, oder ob sie Sie grundsätzlich vorwärtsdrängten, immer über den jeweils aktuellen Stand Ihres Wissens und Könnens hinaus.

Inwieweit entspricht der Schwierigkeitsgrad der Aufgaben, die Sie heutzutage übernehmen, noch dem von Ihren Eltern einst festgelegten Maßstab? Sind Sie mittlerweile zu einer realistischen Einschätzung Ihrer Lernfähigkeit gelangt – oder ist es so, daß Sie sich ständig übernehmen, immer wieder auf die Nase fallen und es schließlich aufgeben werden (oder es schon getan haben), überhaupt etwas Neues im Leben zu lernen?

Ich möchte Ihnen nun die Gelegenheit zu einer direkten Erfahrung geben – und zugleich eine schöne Meditation auf die Meisterschaft, die Sie beliebig oft wiederholen können. Schauen Sie sich jetzt, sobald Sie diesen Absatz fertiggelesen haben, in Ihrem Zimmer um und sehen Sie alle beweglichen Gegenstände darin, die Sie in ein paar Minuten vielleicht in die Hand nehmen könnten. Stellen Sie sich vor, daß Sie nacheinander jeden einzelnen Gegenstand ergreifen, auf den Ihr Blick fällt – und atmen Sie in diese Empfindung hinein, etwas anmutig, meisterhaft emporzuheben und es dann ebenso anmutig und meisterhaft wieder an seinen Platz zurückzustellen.

An dieser kleinen Übung erkennen wir, daß die allereinfachste Aufgabe überhaupt das Tor zu einer ekstatischen Erfahrung vollendeter Meisterschaft im gegenwärtigen Augenblick sein kann. Das ist es auch, worum es beim Tanzen und den meisten sportlichen Betätigungen geht: sich in einer vollendet präzisen und anmutigen Weise zu bewegen *und* zugleich den konkreten Zweck der Bewegung zu erfüllen. Es ist kein Wunder, daß die besten Athleten nicht nur die in ihren Bewegungen exaktesten sind, sondern auch diejenigen, die uns dabei das Bild vollkommenster Anmut bieten. Sie sind deswegen Meister, weil sie sich so lange, mit einer solchen Hingabe – und natürlich auch mit einer solchen natürlichen Begabung – auf eine begrenzte Anzahl bestimmter Bewegungen konzentriert haben, daß sie nun völlig eins mit ihren Handlungen, vollkommen im gegenwärtigen Augenblick und vollständig von einer reinen Freude am Bewußtsein ihrer Meisterschaft erfüllt sein können.

Sie können das gleiche in der Miniaturdisziplin erreichen, für die ich Sie anwerben möchte. In dieser Sportart werden Sie es sehr schnell vom Anfänger zum Meister bringen! Ich führe diese Meditation mehrmals täglich durch – einfach wirklich auf etwas zugehen, das mir ins Auge fällt, es berühren, dann sehen, wie vollendet ich es auf- und emporheben kann, und es schließlich wieder zurückstellen. Einige Leute, die die Konzentration und Hingabe, mit der ich diese sinn-lose Aufgabe bewältigte, miterlebten, zählen mich seitdem zu den eher schlichten Gemütern – doch was soll's: Man findet immer und überall Menschen, die keinen Sinn für reine Zen-Sportarten haben – also kümmern Sie sich einfach nicht darum.

Laßt uns Taten sehen! Stimmen Sie sich in Ihre Atmung ein; lassen Sie Ihre Augen zwanglos auf etwas zur Ruhe kommen, das im Bereich Ihrer »Hubkraft« zu sein scheint; gehen Sie auf diesen Gegenstand zu, atmen Sie wieder einmal durch und schauen Sie, ob Sie es schaffen, Atembewußtsein und Ausführung Ihrer Aufgabe zu integrieren: »Ihren« Gegenstand mit vollendeter Anmut und Koordination emporzuheben und ihn dann ebenso formvollendet und mit demselben Feingefühl wieder zurückzustellen. Los!

Ich muß gestehen, daß diese bestimmte Meditation über die Meisterschaft seit der Geburt meines jüngsten Sohnes, die eben zwei Monate zurückliegt, eine ganz besondere Bedeutung für mich besitzt. Nachdem ich schon so viele Jahre kein Baby mehr in den Händen gehabt hatte, fühlte ich mich anfangs entsetzlich unbeholfen, wenn ich ihn hochnehmen, auf dem Arm halten oder irgendwo hinlegen mußte. Er sitzt übrigens gerade in seinem Schaukelstühlchen und tut so, als mache es ihm einen ungeheueren Spaß, mir beim Tippen zuzuhören (wodurch ich zwei Fliegen mit einer Klappe schlage: Ich schreibe dieses Kapitel fertig und bin gleichzeitig Babysitter). Als es vorhin für mich Zeit wurde, irgend etwas aufzuheben, bin ich einfach zu ihm rübergegangen und habe *ihn* hochgenommen. Der Stolz über meine frisch wiedererlangte Meisterschaft im formvollendeten Babyhochnehmen und -wiederhinlegen überwältigte mich schier: Kann man einem alten Hund also *doch* »neue« Kunststücke beibringen!

Natürlich (wie ich in meiner doppelten Eigenschaft als Papa

und Atemtherapeut erst jüngst beobachten konnte) halten viele in dieser Kunst ungeübte oder etwas eingerostete Freunde den Atem an, wenn ich ihnen meinen frischgebackenen Sohn zum Halten gebe – und verbauen sich damit automatisch jede Möglichkeit, den Haltevorgang anmutig und koordiniert zu bewältigen. Das zwangsläufige Ergebnis ist, daß sie sich anschließend etwas unbehaglich fühlen – und leicht nach Luft schnappen. Wie Sie jedesmal, wenn Sie diese »Hebe-Meditation« mit einem neuen Gegenstand durchführen, immer wieder entdecken werden, hängt das Gelingen jeder körperlichen Bewegung in ganz entscheidendem Ausmaße davon ab, inwieweit Sie sich Ihrer Atmung bewußt bleiben. Wenn Sie dieses Wissen, das Sie sich als Kind ganz natürlich und unbewußt angeeignet aber irgendwo auf dem Weg zum Erwachsensein verloren hatten, wiederentdecken – dann sind Sie Ihrem Ziel, jeder neuen Herausforderung wie ein Meister begegnen zu können, tatsächlich um einen großen Schritt nähergerückt.

Lernen sollte eine Ganzkörpererfahrung sein: das erhöht nicht nur den Lernerfolg – es steigert auch das Vergnügen!

Kapitel 8

Entdecken Sie die Freuden der Disziplin

»Disziplin« und »Freude« sind keine Wörter, denen man allzuhäufig in solch grammatikalischer Nähe begegnet. Sichvergnügen gilt ja normalerweise als das genaue Gegenteil von Diszipliniertsein. In diesem Kapitel möchte ich aber versuchen, *diesen* Begriff von Disziplin und Freude zu überwinden und das dynamische Verhältnis herauszuarbeiten, das diese zwei »Eigenschaften« im Lernprozeß zueinander besitzen.

Sie werden mir doch gewiß darin recht geben, daß man, um etwas zu meistern, zumindest ein gewisses Maß an Disziplin aufbringen muß. Um seine Aufmerksamkeit zu sammeln und eine Folge von körperlichen oder intellektuellen Tätigkeiten ordentlich auszuführen, bedarf es eines bewußten Entschlusses, einer Willensanspannung.

Das Wort »Disziplin« ist mit dem lateinischen *discipulus* (»Schüler«, »Jünger«) verwandt. Ein Jünger ist jemand, der einem Meister folgt und sich dessen bestimmte Art zu denken und zu handeln aneignen möchte. Die Gesamtheit dessen, was der Jünger meistern will, ist die »Disziplin« – zugleich körperlich-geistige Zucht und Lehrinhalt, Wissensgebiet oder bestimmte physische Fertigkeit (so sprechen wir auch heute noch von »akademischen« und von »sportlichen Disziplinen«). Der Jünger oder Schüler ist »der Disziplinierte« – derjenige, der die zum Erwerb einer bestimmten Fertigkeit notwendige Sammlung und Hingabe an das zu Lernende aufweist. Sammlung und Hingabe sind das Wesen disziplinierten Denkens und Handelns.

Schauen wir uns nun die spezifischen Schritte an, die wir

ausführen müssen, um etwas Beliebiges zu meistern, und wir werden erkennen, welche Rolle die Disziplin im Rahmen dieses Lernprozesses spielt. Zuerst müssen wir natürlich an etwas interessiert sein, den Wunsch verspüren, dieses bestimmte Etwas in irgendeiner Weise zu beherrschen. Ohne dieses anfängliche Interesse besteht für uns ja keinerlei Motivation, den Lernprozeß überhaupt zu durchschreiten.

Außer beim erzwungenen Lernen findet sich im Anfang *jeder* Lehrzeit das Element der Neugierde. Wir sehen jemanden etwas tun, das unterhaltsam oder irgendwie des Erlernens wert aussieht – interessant, nützlich, was auch immer; und etwas in uns reagiert darauf mit einem positiven Drang, mit dem Wunsch, das auch tun zu können, es auch zu beherrschen.

Solange aber dieser Wunsch nicht mit Disziplin verquickt wird, werden wir es mit Sicherheit nie zur erwünschten Meisterschaft bringen, denn der nächste logische Schritt ist ja, sich selbst, seine Zeit und Aufmerksamkeit der angestrebten Fertigkeit zu widmen und die Energie aufzubringen, den »Lehr-Gang« vom Anfang bis zum Ende zu durchschreiten.

An diesem Punkt reagieren viele von uns mit einem negativen Gefühl – wir empfinden im voraus den Stumpfsinn, die Langeweile, den Zwang und die Mühe, die wir mit dem Lernprozeß assoziieren, und lassen uns dadurch oft entmutigen. Unsere ganze Jugend hindurch wurden wir so oft zur Disziplin angehalten, wurden in der Schule immer wieder gezwungen, uns auf Gegenstände zu konzentrieren, an deren Beherrschung wir überhaupt nicht interessiert waren, daß schon die bloße Idee, uns diszipliniert einer Sache widmen zu müssen, uns das Gruseln lehren konnte.

Machen Sie sich kurz bewußt, wie Ihre persönliche Einstellung zur Idee der Disziplin aussieht. Schauen Sie für die Dauer einiger weniger Atemzüge vom Buch auf, sprechen Sie dieses ominöse Wort ein paarmal vor sich hin und atmen Sie in die Empfindungen hinein, die es in Ihnen hervorruft.

Schauen wir jetzt mal, wo inmitten des disziplinierten Lernens Freude aufkommen könnte. Richten Sie Ihre Gedanken wieder auf die Kunst, etwas aufzuheben und es wieder zurückzulegen – diese unsere letzten Endes äußerst simple Meistertätigkeit, die uns aber so viel in so kurzer Zeit lehren kann! Vielleicht sehen Sie jemanden diese Handlung ausführen. Die Anmut der Bewegungen, der Ausdruck von Freude, ja Seligkeit, im Gesicht des »Meisters« berühren Sie tief. Daraufhin stellen Sie sich innen, in Ihrem Körper, vor, Sie vollzögen die gleiche Tätigkeit in dem gleichen Bewußtseinszustand – und in Ihrer Vorstellung merken Sie, daß es sich sehr gut anfühlt, diese Bewegungen auszuführen.

Da Sie den Wunsch verspüren, dieses angenehme Gefühl real zu erfahren, machen sie sich zunächst den genauen Bewegungsablauf bewußt, um ihn selbst reproduzieren zu können. Sie bitten vielleicht den »Meister«, Ihnen beim Erlernen dieser Kunst mit Rat und Tat behilflich zu sein.

Damit ist aber schon – vielleicht sogar, ohne daß Sie es selbst gemerkt hätten - Disziplin ins Spiel gekommen. Disziplin bedeutet, eine Abfolge von Schritten, mittels derer man ein bestimmtes Ziel zu erreichen gedenkt, zu entwerfen – und diesen gedanklichen Entwurf dann konsequent in die Tat umzusetzen. Ob Sie Ihr eigener Führer sind oder sich von einem Lehrer führen lassen – in jedem Fall steht am Anfang jeder komplexeren Tätigkeit ein solcher geistiger Prozeß, ein solcher Plan. Diese Planung ist selbst eine *Disziplin,* die Sie Ihrem Geist auferlegen, indem Sie ihn zu einer bestimmten Denkarbeit veranlassen und Ihre Aufmerksamkeit auf die gewünschte Tätigkeit richten.

Zur tatsächlichen Ausführung der angestrebten Tätigkeit ist auch eine sehr strenge *physische* Disziplin erforderlich. Ihr Geist wird Ihrem Körper bestimmte, exakte Bewegungen abverlangen müssen – Bewegungen, die Sie vielleicht noch nie in Ihrem ganzen Leben gemacht haben (beispielsweise Geige und Bogen in die Hand zu nehmen und die allerersten Töne hervorzubringen). Diese Phase des Lernprozesses erfordert eine totale Konzentration – und oft auch ein gerüttelt Maß an Enttäuschungen und Frustrationen zu akzeptieren, ehe man imstande ist, die bestimmten Muskelbewegungen so auszuführen, daß sie wirklich die erwünschten Ergebnisse zeitigen.

Doch diese Übungszeit braucht wirklich nicht in eine stumpfsinnige Plackerei auszuarten. Es hängt ganz von Ihrer grundsätzlichen Einstellung zur Disziplin ab, ob Sie jeden einzelnen Schritt des Lernprozesses genießen – oder ob sie sich wie gewohnt von negativen Gefühlen überwältigen lassen.

Stellen wir uns wieder die Frage: *Wo* genau empfinden wir Freude – *was* bereitet uns Vergnügen? In jeglichem »körperlichen Kontext« sind es zweifellos die neurologischen Empfindungen von Körperhaltung und -bewegung, die wir als angenehm erfahren. Es fühlt sich ganz einfach gut an, sich zu bewegen. Es sei denn, wir litten an irgendwelchen körperlichen Beschwerden oder seelischen Verspannungen, gibt es nichts Wundervolleres als die schlichte Freude an einer anmutigen Bewegung. Was immer wir uns also aneignen wollen – wenn es irgendeine Form von körperlicher Bewegung einschließt, brauchen wir uns nur in diese Dimension der Erfahrung einzustimmen, und schon können wir einen körperlichen Genuß aus dem Lernprozeß ziehen.

Wenn wir uns aber zwingen, schneller als für uns eigentlich möglich voranzukommen, und die Angst zu versagen uns hemmt und verkrampft, dann unterdrücken wir jede Gelegenheit zur Freude an disziplinierter Bewegung. Ich schätze, daß die meisten von uns diese schlechte Angewohnheit haben. Wir schauen immer nur auf das letzte Ziel vollendeter Meisterschaft und hetzen uns unentwegt ab, um es so schnell wie möglich zu erreichen – anstatt jeden Schritt des Weges nach Kräften auszukosten.

Auch beim Erlernen geistiger Fertigkeiten hängt unsere Freude am Lernprozeß von der Einstellung ab, mit der wir an die Sache herantreten. Wenn wir jeden Schritt, den wir erfolgreich bewältigt haben, bewußt auskosten, dann macht das Lernen auch Spaß; befürchten wir aber andauernd, wir könnten versagen, oder bleiben wir ausschließlich auf das (meist ohnehin nur theoretische) Fernziel fixiert, werden die Einzelerfolge auf dem Weg uns nicht erfreuen.

Der Mensch kann letztlich nur deswegen überleben, weil er von Natur aus Freude am Lernen hat. Beobachten Sie doch nur kleine Kinder, denen man gestattet, in ihrem eigenen, natürlichen Tempo zu lernen. Bei jeder neuen Erkenntnis, die sie gewinnen, bei jeder neuen Bewegung, die sie meistern, machen sie buchstäblich Freudensprünge und klatschen in die Hände vor Vergnügen darüber, daß sie damit eine weitere Aufgabe, die das Leben an sie stellte, bewältigt haben.

Gerade diese angeborene Entdeckerfreude ist eine der wesentlichen Empfindungen, die ich bei Klienten zu fördern versuche, die unter mangelndem Selbstbewußtsein, Lebensüberdruß oder einer allgemeinen Erfolglosigkeit leiden. Wenn es gelingt, die kindliche Lernfreude beim Erwachsenen neu zu erwecken, wird damit automatisch auch sein Meisterschaftspotential reaktiviert.

Der Weg zur Meisterschaft bietet meines Erachtens drei verschiedene ganz natürliche Gelegenheiten zur Freude. Zuerst in seinem Ausgangspunkt – in der Idee, etwas zu tun (Vorfreude); zweitens im disziplinierten Lernprozeß (Freude an jedem einzelnen Schritt, an den Bewegungen und Empfindungen, die mit dem Lernen einhergehen); drittens im Erreichen der eigentlichen Meisterschaft (Freude im Bewußtsein, die bestimmte Tätigkeit jetzt endlich verhältnismäßig gekonnt und erfolgreich ausgeführt zu haben).

Machen Sie sich bewußt, wie *Sie* vorgehen, wenn sie etwas Neues lernen wollen. Gestatten Sie sich in jeder dieser drei Phasen des Prozesses, die dort jeweils möglichen Freuden zu erfahren und auszukosten? Oder ignorieren Sie beziehungsweise unterdrücken Sie das Vergnügen, das Sie bei jedem Schritt verspüren könnten?

Zurück zur »Hebemeditation«. Wenn sie diesen Absatz fertiggelesen haben, schauen sie sich im Zimmer nach einem Gegenstand um, der Ihre Aufmerksamkeit erregt – der Sie dazu herausfordert, ihn mit wahrer Meisterschaft aufzuheben, ihn einen Augenblick festzuhalten, ihn vielleicht ein paarmal in die Luft zu werfen und anschließend wieder zurückzulegen. Schauen sie auch, ob es Ihnen gelingt, das dreifache Vergnügen in sich einzulassen – zuerst, wenn sie sich darauf einstellen, die Hebemeditation durchzuführen; dann, während Sie sie ausführen; und schließlich, wenn Sie sich im Wohlgefühl entspannen, sie erfolgreich gemeistert zu haben:

Vielleicht wäre es keine schlechte Idee, an diesem Punkt auch ein paar Worte über den meisterhaften Umgang mit den sinnlichen Freuden zu verlieren. Ich glaube, daß fast jeder, der eine sexuelle Beziehung hat (oder eine solche haben möchte), den Wunsch verspürt, dem geliebten Partner in möglichst vollendeter Weise Genuß und Befriedigung schenken zu können. Diese bestimmte Ebene der Meisterschaft wird uns einen einzigartigen Aspekt des Wesens der Vollkommenheit offenbaren.

Als Kinder haben wir nur sehr undeutliche Vorstellungen von diesem »erwachsenen Phänomen« der körperlichen Liebe. Man läßt uns nicht allzuoft Augenzeugen ihres Vollzuges sein; dennoch wissen wir, daß es für uns von großer Wichtigkeit sein wird, die Sache später möglichst gut zu beherrschen.

Es ist erstaunlich, zu welch komplizierten, völlig frei ersonnen Vorstellungen von der konkreten Technik des Beischlafs manche Zwölfjährige gelangen können! Wenige Dinge dürften den ersten Schritt zur Meisterschaft – jemanden etwas Reizvolles tun sehen und sich dann vorstellen, daß man es selbst tut – zu allen Zeiten so stark herausgefordert haben wie die sexuelle Liebe!

Doch damit erreichen wir einen kritischen Punkt bei unserer Erkundung des Wesens der Meisterschaft. Viele grundlegende menschliche Verhaltensweisen sind weitestgehend von Instinkten geregelt. Werden wir nur in der richtigen Phase unseres Lebens in die richtige Situation versetzt, eignen wir sie uns auch ganz spontan und ohne besondere Unterweisung an. Oft genug weichen die Vorstellungen, die wir uns von der bestimmten Tätigkeit gemacht hatten, ziemlich stark von den auf einmal tatsächlich erfolgenden instinktiven Bewegungen und Empfindungen ab.

Wir müssen feststellen, daß ein wichtiger Aspekt des Lernprozesses – die planende intellektuelle Disziplin – in manchen Fällen mit natürlichen körperlichen Funktionen in Konflikt geraten kann. Ganz besonders häufig erleben wir diesen Widerstreit von Idee und Wirklichkeit in der Sexualität. Die letzten Jahrzehnte haben in unserer abendländischen Gesellschaft eine wahrhaft erstaunliche Anzahl vollendeter »Liebestechniker« hervorgebracht; doch diese Meister der Liebeskunst erweisen sich letzten Endes gleichzeitig als die unbefriedigendsten Liebhaber überhaupt. Ihre Disziplin und Hingabe verdienen unsere Hochachtung, doch die Muse – die Seele – ihrer Kunst scheint sie eindeutig irgendwann im Stich gelassen zu haben.

Ich habe jedenfalls die Erfahrung gemacht, daß große Meister (welcher Disziplin auch immer) weit mehr Zeit damit zubringen, den *Geist* zu lehren, in dem man an eine bestimmte Tätigkeit herantreten sollte, als damit, die zu ihrer konkreten Durchführung nötigen Techniken zu erläutern. Jede Tätigkeit im Leben gelingt uns dann am besten, wenn wir uns in der dafür günstigsten geistigen und seelischen Verfassung befinden. Solange nicht der Sportgeist über uns kommt, findet auch kein Meisterschaftsspiel statt!

Wenn jemand eine beliebige Kunst *wirklich* gemeistert hat, ist der bei weitem vorherrschende Faktor seiner Darbietung nicht die Technik – sondern dieser innere Geist. Rein technisch gesehen ist sexuelle Betätigung nicht schwieriger als etwa unsere Hebemeditation. Es gibt kaum eine physische Leistung, die einfacher zu erbringen wäre, als beispielsweise die Haut eines anderen mit dem Finger zu berühren: Jedermann kann lernen, wie er den richtigen Druck ausübt, damit es eine »sanfte Berührung« wird. Doch jemanden im richtigen *Geist* zu berühren – das ist die wirkliche Kunst, die es in der Sexualität zu meistern gilt!

Was ich an der Vervollkommnung und Meisterung des Liebesaktes am schönsten finde, ist die Tatsache, daß man dabei in den meisten Fällen sein eigener Lehrmeister sein muß; daß man Schritt für Schritt *von sich aus* lernen muß, sich dem Zauber der geschlechtlichen Vereinigung zu öffnen und hinzugeben. Zuweilen wird Ihr Partner etwas sagen, das dazu beiträgt, Sie in erweiterte Zustände sexuellen Bewußtseins und Empfindens zu versetzen; doch in den meisten Fällen werden sie sich tatsächlich der Führung Ihres inneren Meisters anvertrauen müssen.

Dieser innere Meister aber, der – wenn auch vielleicht in verborgeneren Tiefen - in uns allen lebt, ist unser »Gefühl«, unsere Empfänglichkeit für die Empfindungen, die wir bei einer bestimmten Tätigkeit erfahren. Wenn wir in unseren vorgefaßten Ansichten, wie man »Liebe macht«, befangen sind, wenn wir uns ganz in theoretischen Konzepten von »richtiger Technik« verlieren – dann haben wir auch den Kontakt zu unserem inneren Meister verloren, denn seine wichtigste Aufgabe ist es gerade, uns dabei zu helfen, uns Schritt für Schritt in einen Bewußtseinszustand zu entspannen, der jenseits aller Begrifflichkeit und unserer eigentlichen menschlichen Natur am nächsten ist.

Um sich wirklich einer vollkommenen Vereinigung mit dem geliebten Menschen restlos hingeben zu können, müssen Sie ja gerade imstande sein, alles loszulassen, was Sie jemals über Sexualität gehört oder gelesen haben: Sie müssen die Aufgabe meistern, sich gänzlich auf Ihre instinktiven und emotionalen Empfindungen und Triebregungen zu konzentrieren und dabei jeden Gedanken an »richtige Technik« ganz aus Ihrem Bewußtsein zu verbannen.

Ja, um das Leben überhaupt zu meistern, müssen wir weit

mehr lernen als nur, wie man anderen Menschen bestimmte Tätigkeiten und intellektuelle Leistungen »abguckt«. Das Leben zu meistern bedeutet, sich mehr und mehr und möglichst vollkommen seiner eignen Natur, seinen spontanen Bewegungen, seinen intuitiven inneren Regungen hinzugeben. Bislang haben wir uns in erster Linie mit der Aneignung körperlicher, intellektueller und emotionaler Fertigkeiten befaßt – bestimmter Verhaltensweisen also, die unser physisches Überleben gewährleisten und uns dabei helfen, in unserem bestimmten gesellschaftlichen Umfeld richtig zu funktionieren. In den folgenden Kapiteln möchte ich mich auf einen anderen, schwierigeren Lernprozeß konzentrieren, zu dem das Menschsein uns herausfordert: unser eigenes Schicksal zu meistern.

Denken Sie für den Anfang über die Frage nach, inwieweit Sie imstande sind, sich beim Liebesakt Ihren spontanen sexuellen Triebregungen vollkommen hinzugeben. Erinnern sie sich daran, wie Sie einmal mit einem geliebten Menschen schliefen und ob Sie sich dabei eher auf die Technik – oder auf den Geist der Liebe und des Verlangens konzentriert haben.

Kapitel 9

Die wesentliche Dimension der Demut

An diesem Punkt wird die Sache scheinbar paradox. Um es auf einem beliebigen Gebiet zur Meisterschaft zu bringen, ist es unbedingt notwendig, daß Sie sich von vornherein als Champion betrachten; anderfalls haben Sie nicht die geringste Chance, jemals ein wirklicher Champion zu *werden* - selbst, wenn es dabei nur um das bescheidene Vorhaben geht, etwas formvollendet hochzuheben und anschließend wieder hinzulegen.

Gleichzeitig aber muß jeder Meister in spe *eine* schwierige Kunst zuallererst meistern: inmitten dieses seines hohen Selbstbewußtseins *demütig* zu bleiben. Buddhismus, Hinduismus, Taoismus und andere asiatische Erlösungslehren haben keinerlei Probleme, mit diesem Paradox fertig zu werden. Die *Yin*-Seite der Persönlichkeit ist vollendete Demut – die Empfindung, leer oder reines Nichts zu sein; und gleichzeitig kann in ein und derselben Person das triumphierende *Yang*-Bewußtsein absoluter und unumschränkter Meisterschaft herrschen.

Uns Abendländern bereitet es jedoch in der Regel beträchtliche Schwierigkeiten, eine solch »zweihundertprozentige« Persönlichkeit in uns zu entwickeln. Wir wachsen in einer dualistischen Gedankenwelt auf, die unser ganzes Sinnen und Trachten sich wechselseitig ausschließenden Begriffen von richtig und falsch, Licht und Finsternis, »für mich oder wider mich« unterordnet. Wir haben nur äußerst wenige Vorbilder, die uns einen ausgewogenen Weg zur Meisterschaft aufzeigen könnten.

Das Haupthindernis, dem die meisten von uns bei ihrem Versuch, ein demütiger Meister zu werden, begegnen, ist »mathematischer« Natur: Aufgrund unserer logischen Programmierung neigen wir zu der Annahme, man könne die zwei Gegensätze nur dadurch vereinbaren, daß man zu *fünfzig* Prozent demütig und zu *fünfzig* Prozent überheblich wird. Das Ergebnis ist klar: Solange Sie nur ein halbherziger Champion sind, werden Sie es nie sehr weit bringen. Sie müssen Ihre *gesamte* Persönlichkeit in den Kampf um Sieg und Meisterschaft werfen – nicht bloß fünfzig Prozent davon!

Wie fangen Sie es also an, vollkommen demütig zu werden – im Bewußtsein, zugleich hundertprozentig das genaue Gegenteil davon sein zu müssen?

Ganz einfach: Sie erweitern – wie ich auch schon in anderen Veröffentlichungen erklärt habe – Ihr Selbstverständnis auf einen »Umfang« von zweihundert Prozent! Das ist die einzig logische Lösung des Problems – und ich vermute, daß zu allen Zeiten alle wahrhaft großen Meister vollkommen von ihrer Richtigkeit durchdrungen gewesen sind.

Das überraschende Ergebnis rückhaltloser Hingabe an einen beliebigen Lernprozeß ist oftmals genau diese Einsicht. Ich habe schon sehr viele Menschen bei ihren Bemühungen um Vervollkommnung auf ihrem jeweiligen Gebiet beobachten können – Sportler, Angehörige der unterschiedlichsten Berufsgruppen, Künstler, Handwerker –, und es war ein beeindruckendes Erlebnis für mich, wieviele von ihnen plötzlich dieses erstaunliche neue Gefühl in sich zu entdecken schienen, als die Gegensätze an einem bestimmten Punkt ihre Unvereinbarkeit verloren und spontan zusammenfielen.

Wir können uns bei unseren Bemühungen, eine beliebige Kunst zu meistern, bis zu einem gewissen Punkt erfolgreich von Lernstrategien und sonstigen Rezepten leiten lassen; doch früher oder später wird immer ein bestimmtes Niveau erreicht, von dem aus ein weiterer Fortschritt nicht mehr möglich erscheint. Wer jetzt starr an seinem Selbstverständnis festhält, er (oder sie) sei ein wirklich toller Kerl, wird diese scheinbare Barriere, die ihn (oder sie) vom letzten, erlösenden Schritt in die wahre Meisterschaft trennt, nie und nimmer überwinden.

Ich finde es wunderbar, daß die menschliche Natur so eingerichtet ist: Bevor man über die Schwelle zur Meisterschaft tritt, muß man sein Ego an der Garderobe abgeben und sich vor demselben Prozeß demütigen, dessen man Herr zu werden beabsichtigt. Dann und nur dann kommt dieser spontane, intuitive, vielleicht sogar spirituelle Zauber ins Spiel – dieses Bewußtsein vollendeter Harmonie mit all seinen Bewegungen und Gedanken, und ebenso der Harmonie mit dem gesamten Universum, das – wie die modernen Physiker erklären – immer an jeder unserer noch so geringen Tätigkeit innigsten Anteil hat.

Albert Einstein hinterließ uns, die wir nach seiner Zeit an der Princeton University studierten, durch sein Beispiel eines der eindrucksvollsten und effektivsten Verhaltensmodelle, um eine solche Vollkommenheit zu erreichen. Er machte sich an die Lösung eines neuen mathematischen Problems und arbeitete unter Einsatz all seiner Fähigkeiten auf einer streng rationalen Ebene des Bewußtseins – arbeitete bis zur völligen Erschöpfung seiner selbst und jeglicher bis zu dem Zeitpunkt bekannten logischen Möglichkeiten des menschlichen Geistes. Dann gab er auf. Er gestand sich die Niederlage seines Verstandes ein und ließ das Problem einfach für ein Weilchen auf sich beruhen. Er ging ein bißchen spazieren oder radfahren in dem Bewußtsein, diese bestimmte Aufgabe nicht gemeistert zu haben und in aller Demut anerkennend, daß er einen Punkt erreicht habe, an dem auch sein überragender Geist nicht mehr weiterwußte.

Hatte er aber erst aufgehört, mit seinem Ego gegen die Grenzen der Vernunft anzurennen, und sich in einer demütigen Geste der Entsagung den intuitiveren Tiefen überantwortet – dann flammten mit einem Mal die Geistesblitze des wahren Genies und der wirklichen Meisterschaft in ihm auf! Es scheint, daß jemand, der diese Erfahrung auch nur einmal gemacht hat, für den Rest seines Lebens demütig bleibt.

Es gibt in der Tat eine größere geistige Kraft als den menschlichen Verstand. Wir nennen sie »Intuition«; aber dieses Wort ist nichts als eine vage Bezeichnung für die Bereiche des menschlichen Bewußtseins, die jenseits unseres Horizonts liegen, auf die wir nicht beliebig zugreifen können, um sie unseren Zwecken dienstbar zu machen – die aber der Urquell meisterhaften Denkens und Handelns sind.

Das ist auch genau der Grund, weshalb Meisterschaft einen demütigen Geist erfordert. Solange nicht dieser entscheidende Schritt stattgefunden, das Ego sich nicht der höheren Macht der Intuition unterstellt hat, kann es überhaupt keine wahre Meisterschaft geben.

Ich habe Sie jetzt mehrere Seiten am Stück mit ziemlich abstrakten Gedankengängen überschüttet, und es ist somit an der Zeit für mich, wenigstens für ein paar Augenblicke in den Hintergrund zu treten und Ihnen das Feld für eigene Reflexionen zu räumen. Was sind Ihre persönlichen Ansichten über diese letzte Dimension der Meisterschaft – die Demut und willige Kapitulation vor dem tieferen, belebenden Geist, der eine gekonnte und gelungene Bewegung oder Gedankenfolge in ein geniales und vollkommenes Meisterstück zu verwandeln vermag? Haben Sie diese Dimension selbst schon einmal in Ihrem Leben erfahren?

Es gab während meines Studiums eine Zeit, in der ich es zu einer beträchtlichen Kunst im Fechten brachte. Irgendwie schien ich eine natürliche Begabung für diese Sportart zu besitzen, und so konnte ich mir, dank eines hervorragenden Trainers, sehr rasch die verschiedenen komplizierten Bewegungen aneignen, die man benötigt, um in einem Wettkampf zu gewinnen. Nachdem ich mehrere erfahrene Fechter hintereinander besiegt hatte, begann mir der Erfolg zu Kopf zu steigen, und ich gelangte mehr und mehr zu der Überzeugung, ich sei auf dem besten Weg, ein wahrer Meisterfechter zu werden. Sogar mein Trainer lobte mich immer wieder wegen meiner Leistungen.

Doch dann wurde mir eine sehr niederschmetternde Erfahrung zuteil. Mein Trainer stammte aus Polen, und so lud er – wie er es in früheren Jahren schon mehrmals getan hatte – die polnische olympische Fechtermannschaft für eine Woche nach Princeton ein, damit sie das Universitätsteam trainiere. Ich war auf Florett spezialisiert, und der Trainer ließ mich gleich am ersten Tag gegen einen bemerkenswerten Polen antreten, der nicht nur die olympische Silbermedaille besaß, sondern auch so ziemlich jede Meisterschaft im Florettfechten gewonnen hatte, die es überhaupt gibt.

Angesichts des kraftvollen und doch gleichzeitig vollkommen bescheidenen Auftretens dieses Mannes verschlug es mir die Sprache. Da war ich, von Gefecht zu Gefecht stolzierend, im Vollgefühl meiner Rolle als Gottes jüngstes Gnadengeschenk an die Fechterwelt schwelgend: und stehe mit einem Male Aug' in Auge, Klinge an Klinge einem der ganz großen Fechtmeister aller Zeiten gegenüber – und der entpuppt sich als ein zutiefst bescheidener Mensch!

Der Schock war so groß, daß ich jeglichen Mut verlor und nach der Begegnung mit diesem Mann das Fechten endgültig aufgab. Bis zum heutigen Tage habe ich keiner Menschenseele erklärt, was der Grund dafür war, daß ich damals in Princeton, mitten in meinem scheinbar unaufhaltsamen Aufstieg zum Ruhm, aus dem Fechtsport ausschied. Mein damaliger Trainer ist mittlerweile gestorben, und die ganze Welt des Universitätssports gehört für mich auch schon längst der Vergangenheit an; doch da ich hier über Demut schreibe, scheint es mir angebracht, den überwältigenden Eindruck zu schildern, den die Konfrontation mit der Bescheidenheit eines wahren Meisters auf mich machte.

Nach dieser Erfahrung hatte ich jahrelang das Gefühl, als habe man mir mit einem Schlag allen Wind aus den Segeln genommen. Jetzt war ich nicht mehr der strahlende Erfolgstyp, der mit allem fertig wird, was er sich nur in den Kopf setzt; mit einem Male hatte ich begriffen, daß ich überhaupt nichts je wirklich gemeistert hatte. Ich hätte es vielleicht noch zu einer beträchtlichen Präzision gebracht, vielleicht zum Sieg – aber irgendwie fehlte mir der richtige Geist. Als mir in aller Deutlichkeit bewußt wurde, daß ich diesen Geist einfach nicht besaß, gab ich jede Form von sportlichem oder sonstigem Wettkampf auf und machte mich wieder ganz von vorne auf die Suche nach einem für mich geeigneten Weg zur Meisterschaft.

So muß ich gestehen, daß ein gut Teil der Einsichten, die ich Ihnen im Rahmen dieses Buches zu vermitteln hoffe, aus Begegnungen mit einer ganzen Reihe spiritueller Lehrer hervorgegangen sind – wahrer Meister, die meinen Blick geduldig in neue Richtungen lenkten und mir befriedigendere Möglichkeiten aufzeigten, auf einem beliebigen Gebiet *wirklich* gut zu werden. Als ich schließlich aufhörte, mich in einem solchen Ausmaße mit meinem Ego zu identifizieren – mit meiner Vorstellung, wer ich sei und was ich nicht alles könne –, begann ich tatsächlich zu spüren, wie ich mich innerlich öffnete und den Geist der Meisterschaft, den unser begrenztes Ich nicht beanspruchen und unser Verstand nicht kontrollieren kann, allmählich in mich einließ.

Im wesentlichen bestand meine Entdeckung in der Erkenntnis, die ich im Verlaufe dieses Buches in vielfältiger Weise zum Ausdruck zu bringen versucht habe: daß Meisterschaft ein sehr unbeständiger Bewußtseinszustand ist, – kein endgültiges Ergebnis, daß man nur einmal zu erreichen bräuchte, um sich dann für den Rest seines Lebens darin ausruhen zu können. Die große Kunst besteht ja gerade darin, in diesem erweiterten Bewußtseinszustand zu *bleiben*, in dem jede unsere Tätigkeit, jeder Gedanke und jede Emotion inspiriert, ausgewogen, bescheiden und sowohl für uns selbst als auch für unsere Mitmenschen eine Quelle wirklichen Glücks ist.

Wenn ich mich recht erinnere, sagte Jesus einmal: »Die Letzten werden die Ersten sein«, und: »Wer sich selbst erniedrigt, der wird erhöht.« Diese Worte scheinen mir das, was ich in diesem Kapitel zu vermitteln versuche, in vollkommener Weise auszudrücken. Wenn es uns gelingt, unser Ego an einem bestimmten Punkt vollständig aufzugeben, können wir die

Phase des disziplinierten Lernens hinter uns lassen und in einen erweiterten Zustand eintreten, in dem jede unserer Bewegungen absolut vollkommen ist. Vielleicht beginnen wir auch allmählich zu ahnen, was Jesus mit seiner Forderung »darum sollt ihr vollkommen sein, gleichwie euer Vater im Himmel vollkommen ist« gemeint haben könnte. Wir *haben* die Fähigkeit, unsere konditionierten Denk- und Verhaltensschemata zu überwinden und in Harmonie mit dem Universum, Gott, oder wie immer Sie die unendliche Wirklichkeit, in der wir alle leben, nennen möchten, zu handeln. Wenn wir von diesem lebendigen Geist inspiriert sind, dann handeln wir tatsächlich vollkommen – ob wir nun ein Baby oder die olympische Fackel emporheben, die Gabel hinlegen oder den Füllfederhalter, mit dem wir gerade den Weltfriedensvertrag unterschrieben haben. Jeder Handlung wohnt die Möglichkeit meisterhafter Ausführung inne; es ist immer nur eine Frage unseres Bewußtseins.

Schauen Sie jetzt, was passiert, wenn Sie am Ende dieses Absatzes das Buch für ein paar Minuten beiseite legen und einfach tun, was Ihnen gerade in den Sinn kommt – sei es in die Küche zu gehen und sich etwas zu essen oder zu trinken zu holen, sei es, einem natürlichen Drang Folge leistend, ins Badezimmer zu hasten, oder was auch immer. Schauen Sie, ob Ihnen dabei jede einzelne Bewegung anmutig, wohltuend, ausgewogen, bescheiden und vollkommen gerät.

Kapitel 10

Neue Aufgaben für fortgeschrittene Lehrlinge

Wie ich bereits angedeutet habe, laufen wir alle Gefahr, zu »alten Hunden« zu verkommen, die keine neuen Kunststücke mehr lernen können, wenn wir nicht immer wieder unser »Meisterschaftspotential« bewußt auf die jeweils aktuellen Verhältnisse neu abstimmen – und zwar solange, wie wir leben. Allzuleicht begnügen wir uns mit unseren beruflichen und familiären Erfolgen und erstarren in jeder anderen Hinsicht zur völligen Trägheit: »Wozu jetzt noch etwas Neues anfangen?«

Dieses Kapitel soll sie in erster Linie dazu herausfordern, gegen den Stillstand, das Rostansetzen im Erwachsenenalter anzukämpfen; es soll Ihnen Lust machen, sich mit Genuß in immer neue Lernsituationen zu begeben beziehungsweise da, wo Sie es schon zu einem gewissen Leistungsniveau gebracht haben, immer höhere Ebenen der Meisterschaft anzustreben.

Konzentrieren wir uns zunächst auf Erfolge, die Sie bislang schon für sich verbuchen konnten. Wo liegen Ihre Stärken? Welche körperlichen oder geistigen Tätigkeiten beherrschen Sie besonders gut? Nehmen Sie sich jetzt ein wenig Zeit und versuchen Sie, im Geist oder schriftlich eine Liste von mindestens fünf wichtigen Aufgaben zu erstellen, die sie bis zum jetzigen Zeitpunkt Ihres Lebens tatsächlich gemeistert haben.

1. . . . .
2. . . . .
4. . . . .
5. . . . .

Überlegen sie nun, ob es unter den tausenderlei Dingen, die Sie gelernt haben, nicht einige gibt, die Sie noch nicht im eigentlichen Sinne des Wortes beherrschen und denen Sie gern noch etwas mehr Zeit und Mühe widmen würden, um sie tatsächlich zu *meistern.* Machen Sie sich eine weitere Liste, hier im Buch, auf einem Zettel oder im Kopf, von mindestens fünf – intellektuellen, emotionalen, spirituellen oder körperlichen – Tätigkeiten, die Sie noch nicht zu Ihrer völligen Zufriedenheit beherrschen und in denen Sie sich vielleicht noch gern ein bißchen üben würden.

6. . . . .
7. . . . .
8. . . . .
9. . . . .
10. . . . .

Außer diesen mehr oder weniger erfolgreichen »angelernten« Tätigkeiten gibt es noch viele weitere, die Sie zwar interessierten und möglicherweise immer noch interessieren, für die Sie aber bislang noch überhaupt keine Zeit haben aufbringen können. Mit zunehmendem Alter fällt dem Menschen vermutlich nichts so schwer, wie etwas völlig Neues in Angriff zu nehmen, etwas völlig Unbekanntes zu erlernen. Die Angst, zu versagen, sich lächerlich zu machen, kann zu einer unüberwindlichen Hemmschwelle werden, die uns daran hindert, solch absolutes Neuland zu betreten. Ich erwähnte ja schon dieses unbehagliche Gefühl, wieder zum »Kleinkind« zu werden, wieder in die Rolle des blutigen Anfängers zu schlüpfen, das uns nur zu leicht befällt, wenn wir mit einer völlig neuen Aufgabe konfrontiert werden. Wie fänden Sie jetzt die Vorstellung, sich selbst in diese niedrigste aller Situationen zu versetzen – in die Lage eines völligen Anfängers?

Wenn Menschen das Rentenalter erreichen, geraten sie sehr oft in genau diese Situation. Viele von ihnen überwinden in sehr lobenswerter Weise ihren Stolz, stürzen sich kopfüber in ein neues Hobby oder sonst eine ungewohnte Beschäftigung, woraus sich nicht selten eine ganz neue und befriedigende Phase ihres Lebens entwickelt. In den Vereinigten Staaten ist vor einiger Zeit eine außergewöhnliche Bewegung entstanden, die gewissermaßen aus der Not der Midlifecrisis eine Tugend macht und die Menschen dazu ermutigt, um die Mitte ihres Lebens den bisherigen Beruf aufzugeben und etwas völlig Neues anzufangen. Diese Bereitschaft und die Freiheit, Risiken einzugehen, sich auf die Möglichkeit eines Schiffbruchs einzulassen und darauf, wieder zum Anfänger zu werden, ist, wie ich finde, ein sehr schöner Zug an unserer heutigen Gesellschaft.

Man sollte allerdings auch ebenso die Freiheit haben, bei seinem einmal gewählten Beruf zu bleiben und seine Fähigkeiten auf *diesem* Gebiet weiter auszubauen und zu vertiefen, anstatt unbedingt etwas Neues anzufangen. Die Herausforderung, die an unseren Geist der Meisterschaft ergeht, ist die gleiche.

Stellen wir noch eine Liste zusammen, diesmal von Dingen, die Sie gern gelernt hätten, an die Sie sich jedoch – aus dem einen oder anderen Grund – bislang noch nicht herangewagt haben. Angenommen, Sie hätten die Zeit und die nötige finanzielle Unabhängigkeit – was würden Sie dann gerne lernen?

11. . . . .
12. . . . .
13. . . . .
14. . . . .
15. . . . .

Nun haben Sie diese drei Listen von insgesamt fünfzehn Tätigkeiten, denen Sie vielleicht mehr von Ihrer Zeit widmen möchten, um darin ein gewisses Maß an Vollkommenheit zu erreichen. Als nächstes würde sich natürlich die Frage stellen: Was für eine Art von Ausbildung und welche bestimmte Sorte Lehrer würden Ihnen vorschweben? Von welcher Art von Führung würden Sie sich am ehesten die Hilfe versprechen, die Sie benötigten, um sich auf dem Gebiet Ihrer Wahl zu vervollkommnen?

Als Kinder kommen wir andauernd mit allen möglichen Lehrern in Berührung, die uns dabei helfen, die Aufgaben zu meistern, mit denen wir uns in unserem jungen Leben herumschlagen müssen. Unsere Eltern sind Lehrer, unsere Schullehrer sind natürlich Lehrer, und andere Kinder, die das bereits wissen, was wir erst wissen möchten, sind gleichfalls Lehrer. Erwachsene fügen sich in der Regel sehr gern in ihre natürliche Lehrerrolle – und ältere Kinder oft auch.

Haben wir aber erst das Erwachsenenalter erreicht, empfinden es viele von uns als irgendwie peinlich, ja als geradezu beschämend, einen anderen Menschen um Belehrung bitten zu müssen. Schließlich (so der unbewußte Gedanke) sind Lehrer was für Kinder, nicht für Erwachsene!

Vielleicht merken auch Sie, daß Sie zögern, sich ernsthaft um einen Lehrer zu bemühen, der Ihnen dabei helfen könnte, sich auf dem Gebiet Ihrer Wahl zu vervollkommnen. Seien Sie auf der Hut, damit Ihnen diese falsche Schamhaftigkeit nicht jede Möglichkeit verbaut, die nötige Hilfe zu bekommen!

Stellen sie sich einen Augenblick lang den idealen Lehrer vor – den Lehrer, von dem Sie sich am liebsten auf Ihrem Weg zur Meisterschaft leiten und helfen lassen würden.

Einen solchen idealen Lehrmeister finden wir natürlich nur in den seltensten Fällen. In der Regel müssen wir schon froh sein, wenn wir einen ganz normalen »Durchschnittsmenschen« finden, der den uns am Herzen liegenden Gegenstand in ausreichendem Maße beherrscht. Es ist dies überhaupt ein sehr wichtiger Schritt zum Erwachsensein. Wir müssen einsehen und akzeptieren, daß die meisten Menschen unvollkommen sind.

Wir müssen lernen, von jedem das Wertvolle, das er weiß oder beherrscht, zu übernehmen und von denjenigen Teilen seiner Persönlichkeit Abstand zu nehmen, die unseren Lernprozeß nachteilig beeinflussen könnten. Allein schon diese Kunst zu meistern, bedeutet einen großen Schritt nach vorn. Wie steht es diesbezüglich mit Ihnen?

Nehmen wir jetzt einfach an, Sie hätten Ihre Wahl getroffen und wüßten, welcher bestimmten Tätigkeit Sie Zeit und Aufmerksamkeit widmen wollen, um sie möglichst gut zu erlernen. Wie sähen nun, nach all dem bisher Gesagten, die nächsten notwendigen Schritte für Sie aus? Was gälte es – ehe Sie mit dem eigentlichen Lernen beginnen – vorab zu bedenken und fest im Bewußtsein zu behalten?

1. Machen Sie sich zuerst Ihre derzeitigen Fähigkeiten in bezug auf die angestrebte Tätigkeit bewußt. Was haben Sie bereits gelernt, das eine gewisse Ausgangsbasis für weitere Schritte darstellen könnte? Was auch immer Sie sich zum jetzigen Zeitpunkt vorgenommen haben mögen, so verfügen Sie ja über eine lebenslange Erfahrung, die Ihnen bei dieser neuen Aufgabe auf alle Fälle wertvolle Dienste leisten wird.

Stellen Sie fest, ob die fragliche Aktivität bestimmte körperliche Fertigkeiten voraussetzt – und wenn ja, dann welche. Verfügen Sie bereits über eine gewisse Körperbeherrschung, die Ihnen dabei helfen könnte, diese neue Tätigkeit mit größerer Leichtigkeit durchzuführen?

Wie steht es mit den gefühlsmäßigen Voraussetzungen, um diese Tätigkeit meisterhaft ausführen zu können? Können Sie auf frühere Erfahrungen mit vergleichbaren Aktivitäten zurückgreifen und dadurch eine für Ihren Zweck günstige seelische Verfassung in sich erzeugen?

Welche intellektuellen oder sonstigen geistigen Tätigkeiten haben Sie in der Vergangenheit erlernt, die es Ihnen ermöglichen könnten, die gegenwärtige Aufgabe rascher erfolgreich zu bewältigen?

Fragen Sie sich schließlich, bis zu welchem Grade Sie es schon gelernt haben, sich in den eher spirituellen intuitiven Bewußtseinszustand zu versetzen, der die wichtigste Voraussetzung für die Empfindung meisterhaften Handelns darstellt.

Sie sollten es sich bewußt zur Gewohnheit machen – so, wie ich es bereits in früheren Kapiteln beschrieben habe –, regelmäßig in Ihre Vergangenheit zurückzublicken und sich an Tätigkeiten zu erinnern, die Sie bereits gemeistert haben und die Ihnen dabei helfen könnten, sich eine neue anzueignen.

Wenn Sie sich vergegenwärtigen, wie Sie früher etwas meisterhaft vollbrachten, empfindet Ihr ganzer Körper dieses wunderbare Gefühl der Meisterschaft *jetzt* nach; und das wird sich bei Ihrem Versuch, etwas Ähnliches zu leisten, als eine äußerst wertvolle Hilfe erweisen.

Vielleicht möchten Sie es direkt versuchen. Legen Sie das Buch für ein paar Augenblicke beiseite, schließen Sie die Augen, wenn es Ihnen hilft, und erinnern Sie sich, wie Sie früher einmal etwas taten, was eine auch noch so entfernte Ähnlichkeit mit Ihrem jetzigen Vorhaben aufwies.

2. Der nächste Schritt zur Beherrschung eines neuen Gebietes oder zur Vervollkommnung einer bereits vorhandenen Fertigkeit ist gleichfalls gedanklicher Natur: Machen Sie sich bewußt, *was genau* Sie lernen müssen, um es zur erwünschten Meisterschaft zu bringen. Was sind die einzelnen Zutaten zum Erfolgsrezept? Welche verschiedenen Maßnahmen müssen Sie ergreifen, welche Einzelschritte bewältigen, um das ersehnte Ziel zu erreichen?

Auch hierbei wird Ihnen eine – am besten schriftliche – Liste wertvolle Dienst leisten. Je mehr Sie sich über die logischen Schritte des Lernprozesses im klaren sind, desto schneller können Körper und Geist sich die neuen Handlungen, Gedanken und Gefühle aneignen. Nehmen Sie also ein Blatt Papier und machen Sie sich eine vorläufige Liste ganz beliebigen Umfangs. Schauen Sie einfach, wie klar und ausführlich Sie diesen Ihren privaten Weg zur Meisterschaft skizzieren können.

3. Wir kommen nun zur äußerst wichtigen Frage nach dem bestimmten Unterricht und den Materialien, die Sie benötigen werden, um sich die neue Fertigkeit anzueignen. Haben Sie sich eine emotionale Aufgabe gestellt – etwa zu lernen, dem geliebten Menschen ein offeneres Herz entgegenzubringen, oder Ihre Angst und innere Unsicherheit zu überwinden –, werden Sie keinerlei materielle Hilfsmittel brauchen, oder höchstens ein paar einschlägige Bücher; doch ansonsten erfordern die allermeisten menschlichen Tätigkeiten bestimmte Werkzeuge, Arbeitsmittel – einen Computer oder einen Tischtennisschläger, eine Meditationsmatte oder ein Aquarium, einen Meißel oder was auch immer sonst. Was werden *Sie* bei diesem neuen Schritt auf dem Weg zur Meisterschaft benötigen?

Welche Art von Unterricht wird bei Ihnen voraussichtlich zum besten Ergebnis führen – welche Art von Lehrer, Ausbilder oder Guru werden Sie zu diesem Zweck für sich finden müssen?

4. Vielleicht dürfte die Frage noch wichtiger sein, wieviel Sie bereit sind, *von sich* in den Lernprozeß zu investieren – wieviel Zeit und Mühe Sie Ihrer neuen Aufgabe werden widmen können und wollen.

Wie wir schon an anderer Stelle sahen, sind Hingabe und Disziplin unverzichtbare Aspekte jedes Lernprozesses. Bei meiner therapeutischen Arbeit hat es sich über die Jahre als besonders hilfreich erwiesen, die Klienten zu einer diesbezüglich möglichst realistischen Selbsteinschätzung anzuhalten. Ich bitte jeden, der sich auf einem bestimmten Gebiet vervollkommnen möchte, sich vorzunehmen, daß er künftig soundsoviel Zeit und Energie daran verwenden wird – und sehe dann, inwieweit es ihm gelingt, seinem ursprünglichen Entschluß treu zu bleiben.

Versuchen Sie jetzt, möglichst ehrlich festzustellen, wieviel Zeit Sie wirklich bereit sind, Ihrer neuen Aufgabe zu widmen: einen Nachmittag oder zwei Abende in der Woche, eine halbe Stunde täglich? Versuchen Sie, einen festen Wochenplan aufzustellen, den sie auch gewissenhaft einhalten können.

Sollten sie nach einiger Zeit merken, daß Sie Ihre Leistungsfähigkeit überschätzt und Ihre Ziele zu hoch gesteckt haben, sollten Sie sich natürlich nicht zwingen, unbedingt beim einmal gefaßten Entschluß zu bleiben. Scheuen Sie sich bei Bedarf nicht, Ihr »Wort« zurückzunehmen und entsprechend zu ändern: Es ist auf jeden Fall besser, Sie lernen eine halbe Stunde lang mit Freude und Elan, als eine ganze Stunde unter Zwang.

Sie können sich jetzt wieder ein paar Minuten Zeit nehmen und diesmal versuchen, einen realistischen Wochenplan für Ihr neues Vorhaben zu entwerfen.

5. Schließlich sollten sie sich den »Unterhaltungswert« Ihrer neuen Aufgabe in aller Ruhe durch den Kopf gehen lassen. Schauen Sie, ob es Ihnen schon jetzt gelingt, sich einige Momente der Freude oder des Vergnügens, die Sie auf Ihrem Weg zur Meisterschaft erfahren werden, auszumalen und vorauszuempfinden. Später, wenn sie schon an der Verwirklichung Ihres Zieles arbeiten, sollten Sie immer wieder kurze Pausen einlegen und sich bewußtmachen, ob Sie auch Freude an Ihrer disziplinierten Tätigkeit haben. Machen Sie sich diese bewußte Reflexion über das Lustprinzip zur regelmäßigen Gewohnheit. Wenn Sie Ihr Vorhaben erfolgreich zu Ende bringen wollen, werden Sie mit ziemlicher Sicherheit Spaß am Prozeß selbst haben müssen – und unsere antrainierten negativen Einstellun-

gen können, wie wir schon sahen, diese Freude am Lernen ganz erheblich beeinträchtigen!

Lassen sie es mich noch einmal wiederholen: Um Freude an Ihrem Ringen um die Meisterschaft zu haben, kommt es vor allen Dingen darauf an, daß Sie sich während der Arbeit Ihrer Atmung und Ihrer körperlichen Empfindungen bewußt bleiben. Wenn Sie es lernen, jede Tätigkeit mit Freude und Spaß zu verrichten, dann beherrschen Sie die eine Kunst, die jede andere Kunst beträchtlich leichter macht! Ich will nicht behaupten, daß es leicht oder immer der reine Spaß sei, sich mit etwas Neuem und Schwierigem herumzuschlagen. Der Weg zur Meisterschaft ist häufig mühsam genug, und er verlangt von uns die Bereitschaft, immer wieder gegen Trägheit und Mutlosigkeit anzukämpfen.

Doch die grundsätzliche Freude an der Herausforderung und die Fähigkeit, es zu genießen, wenn wir an unsere Grenzen stoßen und sie dann hinter uns lassen – *das* ist der Geist, der den Weg zur Meisterschaft lohnend, ja überhaupt erst möglich macht!

Kapitel 11

Meisterschaft in Ihrer Umgebung fördern

Es gibt zwei sehr verschiedene, ja entgegengesetzte Standpunkte, von denen aus Sie Ihre persönliche Meisterschaft betrachten können. Auf der einen Seite bedeutet es einen enormen Schub für das Ego, wenn man der einzige sichtbare Meister weit und breit ist. Es geht kaum etwas über das zuversichtliche Gefühl von Überlegenheit, das uns erfüllt, wenn jedermann in unserer Umgebung zu uns aufblickt und uns ob unseres Könnens und unserer inneren Reife bewundert. Sicherlich hat eine gute Portion Kampfgeist und Streben nach höchsten Zielen immer die positive Wirkung, Sie zu größtmöglichen Leistungen anzuspornen und Sie über sich selbst hinauswachsen zu lassen.

Doch wie wir bereits in einem früheren Kapitel sahen, sind Bescheidenheit und ein Gefühl von Demut ein ganz wesentlicher Aspekt der wahren Meisterschaft. Ein andauernder Kampf um den Spitzenplatz kann Sie, was technische Vollkommenheit anbelangt, sehr weit bringen – der eigentliche Geist der Meisterschaft wird dabei aber zweifellos auf der Strecke bleiben. Ein wahrer Meister hat es nicht nötig, andere zu besiegen, um Freude an seinen Fortschritten zu empfinden. Als einem Mittel zur Erlangung praktischer Ziele – wie finanzieller Erfolg oder ein höheres Leistungsniveau – kann man dem Wettbewerb eine gewisse Berechtigung einräumen, doch den Konkurrenzkampf zum alleinigen Motiv seines Handelns zu machen, ist damit gleichbedeutend, den entscheidenden Schritt in die Vollendung für immer zu versäumen.

Meine Worte sind natürlich lediglich der Ausdruck meiner – immerhin auf jahrelange Beobachtungen gestützten – persönlichen Auffassung von der Sache; haben Sie bitte keine Scheu, anderer Meinung zu sein. Ich hoffe allerdings, daß Sie in *einem* Punkt mit mir übereinstimmen werden: Wir können nur dann zu Meistern werden, wenn wir willens und imstande sind, immer wieder »hinter« uns zu blicken und anderen Menschen, die den gleichen Weg verfolgen möchten, dabei zu helfen, das zu lernen, was wir bereits beherrschen.

Die wirklichen Meister, die ich im Laufe meines Lebens kennengelernt habe, waren immer bereit, ihr Wissen jedem ernsthaft Suchenden zur Verfügung zu stellen und ihn die geheimen Techniken zu lehren, mittels derer die eine oder andere Form von Vollkommenheit zu erreichen ist. Dieser Wesenszug des Meisters äußert sich bereits dann, wenn ein Kind einem anderen, kleineren, beibringt, wie man die Schnürsenkel zu einer Schleife verknotet und dadurch verhindert, daß man seine Schuhe verliert. Das Gefühl von ausgewogenem Geben und Empfangen, von Lernen und Lehren, macht sich schon in einem frühen Alter bemerkbar; und erst diese andauernde Wechselbeziehung scheint in uns die Fähigkeit zu entwickeln, später unser Leben erfolgreich zu meistern.

Wir täten gut daran, an diesem Punkt unseren Blick nach innen zu wenden und uns unsere diesbezüglichen Angewohnheiten bewußtzumachen.

Lassen sie sich die letzte Woche noch einmal durch den Kopf gehen: Können Sie sich daran erinnern, während dieser Zeitspanne jemandem irgend etwas beigebracht zu haben?

Dieses Traditionsbewußtsein, dieses Bedürfnis, ein empfangenes Wissen weiterzugeben, ist die Keimzelle und das Wesen der menschlichen Zivilisation. Wenn wir das Erlernte nicht lehrend an die nächste Generation weiterreichen, dann kann unsere Kultur auch nicht fortbestehen, geschweige denn sich weiterentwickeln. Wir haben natürlich Bücher und neuerdings auch Computerprogramme und Videos, die das Wissen unserer Kulturgemeinschaft für eine gewisse Zeit aufbewahren und bei Bedarf verfügbar machen könnten; doch letztlich ist es für unsere Kinder erforderlich, daß *wir* in ihnen den Geist der Meisterschaft, den »höheren Wissensdurst«, erwecken und fördern – und dies kann nur durch persönlichen, zwischenmenschlichen Kontakt erfolgen.

Doch einem Menschen beizubringen, wie er eine bestimmte Kunst meistern kann, ist selbst eine Kunst, die gemeistert sein will. Wie zeigt man jemandem am besten die notwendigen Schritte, wie vermittelt man ihm den richtigen Geist, um es in der betreffenden Tätigkeit – und dementsprechend im Leben überhaupt – zur Vollkommenheit zu bringen?

Wir haben diese Frage im Verlauf unserer Erörterung ja schon wiederholt berührt. An diesem Punkt möchte ich Sie zu einer vielleicht schmerzlichen Gewissensprüfung ermutigen: Sind Sie vielleicht ein Mensch, der es sich aufgrund seiner einschlägigen Kindheitserfahrungen zur Gewohnheit gemacht hat, entweder mit Lob nur so um sich zu werfen oder aber grundsätzlich an allem und jedem herumzukritisieren? Sie werden sich erinnern, daß ich Sie an anderer Stelle dazu aufgefordert habe, Ihre Eltern und sonstigen Autoritätspersonen Ihrer Kindheit unter diesem Gesichtspunkt zu betrachten.

Wie beurteilen Sie diesbezüglich sich selbst: Gewähren sie Menschen, die etwas lernen möchten, das Sie bereits beherrschen, ausgewogene, realistische und zugleich verständnisvolle Anleitung und Hilfe? Oder stilisieren Sie sich gern zum großen Meister hoch, indem Sie die Leistungen der andern grundsätzlich heruntermachen?

Durch die Möglichkeit, Lob oder Kritik auszuteilen und damit jemanden bei seinen Bemühungen um Meisterschaft zu fördern oder aber zu entmutigen, besitzen wir alle große Macht über das Schicksal unserer Mitmenschen. Doch wie groß diese Macht für sich genommen auch schon sei: wir können sie – in ihrem positiven Aspekt – durch eine weitere Fähigkeit, über die jeder von uns verfügt, noch beträchtlich steigern: durch die Möglichkeit, die zur Aneignung der einen oder anderen Tätigkeit erforderlichen Schritte ganz ausdrücklich lehrend zu vermitteln.

Wenn Sie wissen, wie man irgend etwas tut, kann der »Lehrling« von Ihnen lernen, die gleiche Tätigkeit auf seine eigene Weise durchzuführen – entweder indem er Sie aufmerksam beobachtet und dann versucht, Ihre Bewegungen und innere Haltung nachzuahmen, oder aber indem Sie ihm die einzelnen Schritte so erklären, wie Sie sie selbst früher gelernt haben, und ihn damit persönlich durch den ganzen Prozeß leiten.

Versuchen Sie sich zuerst an eine Situation in den letzten Wochen oder Monaten zu erinnern, in der Sie irgend etwas taten und jemand Sie dabei beobachtete, um anhand Ihres Beispiels zu lernen, wie man die betreffende Tätigkeit ausführt.

Vergegenwärtigen Sie sich jetzt eine Situation, in der Sie jemanden *aktiv* durch einen bestimmten Lernprozeß geführt haben. Wenden Sie zu diesem Zweck die Grundtechnik für »Gedächtnisreisen« an, die wir in den ersten Kapiteln kennengelernt haben (achten Sie auf die Empfindung der durch Ihre Nase ein- und ausströmenden Luft; fühlen Sie gleichzeitig die Bewegungen, die Ihre Atmung in Brust und Unterleib verursacht; erweitern Sie Ihre Aufmerksamkeit, bis Sie sich Ihres ganzen Körpers auf einmal bewußt sind; legen sie, sobald Sie sich in diesem erweiterten Bewußtsein Ihrer selbst im gegenwärtigen Augenblick befinden, Ihrem Geist das »Erinnerungsthema« vor).

Ich habe leider immer wieder die Erfahrung machen müssen, daß die meisten von uns erhebliche Schwierigkeiten haben, der Rolle eines »guten Lehrers« gerecht zu werden. Die meisten haben in ihrer Kindheit schlechte Erfahrungen mit Lehrern gemacht, denen es an der nötigen Geduld oder pädagogischen Kompetenz mangelte: Die zwangsläufige Folge solch gestörter Lernerfahrungen ist eben unser gestörtes Verhältnis zum Lehrersein. In diesem begrenzten Rahmen kann ich ganz gewiß keine erschöpfende Erörterung des Themas »Wie eigne ich mir die Kunst zu lehren an?« anstreben. *Diese* Fragestellung wird warten müssen, bis ich ihr ein eigenes Buch widmen kann. Doch möchte ich es wenigstens nicht versäumen, Ihnen die Richtung zu weisen, indem ich Sie bitte, sich alles bislang Gelernte noch einmal unter *diesem* Aspekt durch den Kopf gehen zu lassen. Alles, was wir allgemein über unsre Möglichkeiten zur Vervollkommnung und Meisterschaft gesagt haben, können Sie auch auf die Entwicklung Ihres Lehrerpotentials beziehen und anwenden.

Ein Beispiel: Wenn Sie jemandem etwas beibringen wollen, müssen Sie natürlich zuerst selbst die betreffende Fertigkeit gemeistert haben, und dies mindestens insoweit, daß Sie nicht nur auswendig gelernte Einzelinformationen von sich geben, sondern auch den *Geist* vermitteln können, in dem man an die Sache herangehen muß, um wirklich in den ihr wesentlichen Bewußtseinsbereich einzudringen. Sie können sich nicht vorstellen, wieviele Menschen auf dem einen oder anderen Weg in die Situation geraten, etwas zu lehren, wozu ihnen die entsprechende Qualifikation fehlt. Das zwangsläufige Ergebnis ist ein Unterricht, der kaum bleibende Spuren hinterläßt: Die technischen Anweisungen werden brav auswendig gelernt, doch das, »was sie im Innersten zusammenhält«, bleibt verborgen – und das eigentliche Wesen, der wirkliche Wert der Tradition, unvermittelt.

Natürlich lernen wir selbst beim Lehren. Wollten wir erst dann Lehrerpflichten übernehmen, wenn wir auch wirklich die höchste Meisterschaft erreicht haben, dann kämen die allermeisten von uns mit Gewißheit überhaupt nie zum Unterrichten. Ich meine vielmehr, man sollte sich einen gewissen Grad von Wissen oder Können aneignen und dann das gerade Erlernte weitergeben – und dabei so bescheiden und ehrlich sein, seine Grenzen einzugestehen.

Es ist mir vollkommen bewußt, daß ich mich gegenwärtig, beim Schreiben dieses Buches, in genau dieser Situation befinde: Ich habe gerade soviel über Meisterschaft gelernt, daß ich imstande bin, Ihnen etwas von Inhalt und Geist des Gegenstandes zu vermitteln – eben bis zu einem gewissen Punkt.

Aber ich hüte mich davor, von Bereichen des Bewußtseins und der Meisterschaft zu sprechen, um die ich mich gegenwärtig noch als Lernender bemühe und die mir noch nicht hinreichend vertraut sind. Ich hoffe, Sie erkennen selbst, wo meine Grenzen liegen, und respektieren meine Entscheidung, sie einstweilen nicht zu überschreiten.

Wir haben alle sehr viel zu bieten. Jeder Erwachsene verfügt über eine gewaltige Menge an Kenntnissen und vielfältigen Fertigkeiten, die er einem Kind beibringen könnte. Es kommt nur darauf an, sich bewußt die Zeit dafür zu nehmen. Unglücklicherweise erschöpfen heutzutage die meisten von uns ihre ganze Kraft und Zeit im allgemeinen Tanz um das Goldene Kalb. Kaum jemand findet noch die Muße, sich irgendwo im Freien oder in der Wohnung hinzusetzen und einfach *verfügbar* zu sein für den Fall, daß ein eigenes oder fremdes Kind des Weges kommt und nach Rat oder Belehrung verlangt.

Wir haben sogar die gefährliche historische Situation erreicht, in der die Kinder – lange genug von uns potentiellen Lehrmeistern vernachlässigt – nicht einmal mehr das Bedürfnis nach Unterweisung und Hilfestellung von Seiten der Erwachsenen zu verspüren scheinen. Sie sitzen zu Füßen des Fernsehers, als ob der Flimmerkasten ihnen echte Belehrung und Lebenserfahrung vermitteln könnte, als ob sie eine wirkliche Beziehung mit seinen fiktiven Erscheinungen eingehen und daraus neben der reinen Technik auch etwas vom Geist einer Tätigkeit empfangen könnten.

So hat jeder von uns die dringende Aufgabe, regelmäßig innezuhalten und Lehrer zu spielen – sowohl zum unmittelbaren Nutzen derer, die der Belehrung bedürfen, als auch um anderen Erwachsenen zu zeigen, wie sie jüngere Mitmenschen beraten und unterweisen können. Wir alle sind – wie die Indianer so schön sagen – die Eltern aller Kinder der ganzen Welt. Auf uns ruht der Segen unseres erworbenen Wissens. Es ist unsere Pflicht *und* Freude, uns umzuwenden und das, was wir empfingen, mit den nachkommenden Generationen zu teilen.

Wenn Sie auf der Suche nach einer neuen Aufgabe sind, die Sie meistern könnten, möchte ich Ihnen die folgende als die vielleicht allerwichtigste überhaupt vorschlagen: Fangen Sie an, sich bewußt die Fähigkeit anzueignen, jeden Tag eine bestimmte Zeitspanne – und wären es auch nur fünf Minuten – für das »Meisterschaftsspiel« abzuzweigen. Legen Sie einfach eine Pause ein. Entspannen Sie sich. Stellen Sie sich seelisch auf jedes Kind ein, das sich in Ihrer näheren Umgebung befinden mag, und schauen Sie dann, was Sie ihm aus Ihrem reichen Schatz an Erfahrung, Kenntnissen, Liebe und Anerkennung anbieten können.

Doch wir sollten uns dabei nicht allein auf Kinder beschränken. Wir müssen auch unbedingt regelmäßig innehalten, um voneinander zu lernen und einander Wissen mitzuteilen, auf daß die Meisterschaft sich als ein gemeinsames Gut ringsum ausbreite und der Geist spontaner Vollkommenheit und anmutigen Handelns in jedem von uns gefördert werde.

Letzten Endes ist jeder von uns sein eigener Meister. Wir führen uns selbst durch neue Aufgaben, neue Lebensabschnitte, und wir führen auch andere. Ebenso »erniedrigen« wir uns und lernen von anderen Menschen. Dadurch eröffnen wir – in uns selbst und in anderen, denen wir uns mitteilen – fortwährend neue Aussichten, neue Landschaften, und werden damit, durch diesen beständigen Prozeß der Ausdehnung und Anteilnahme, in jedem neuen Augenblick neu geboren.

In einem der frühen Lieder von Bob Dylan kommt eine Zeile vor, die mir immer in diesem Zusammenhang einfällt: »He not busy being born, is busy dying« (»Wer nicht gerade geboren wird, sirbt gerade«). Die vollkommene Beherrschung dieser Kunst, fortwährend in eine neue Welt, in eine neue Ebene des Bewußtseins hineingeboren zu werden, ist zweifellos eines der höchsten Ziele aller wahren Meister. Wie sehen Sie sich selbst in dieser Hinsicht: Stehen Sie an einem Punkt Ihres Lebens, wo nur noch sehr wenig Austausch von Wissen erfolgt – oder sind Sie jetzt für einen ganz neuen, überraschenden Lebensabschnitt bereit, in dem Sie beginnen, irgend etwas Neues zu lernen und sich Ihr Horizont im Rahmen des Lernprozesses immer mehr erweitert?

Verschließen Sie sich zur Zeit vor Menschen, die von Ihnen lernen möchten – oder befinden sie sich gegenwärtig in einer Periode Ihres Lebens, in der Sie sich bewußt die Zeit nehmen, mit anderen das zu teilen, was sie gemeistert haben?

Kapitel 12

Spiritueller Aufstieg zu innerer Gewißheit

Vor mehreren Jahren – als ich gerade begonnen hatte, mich mit dem Gedanken zu tragen, ein Buch zum Thema Meisterschaft zu schreiben – verbrachte ich einmal einen Abend mit einer guten Freundin, die mir auf diesem Gebiet in vielerlei Hinsicht überlegen ist, und setzte ihr bei der Gelegenheit meine Idee auseinander. Sie war mit der Weise, in der ich das Thema in seinen einzelnen Aspekten behandeln wollte, weitgehend einverstanden. Tatsächlich habe ich die Kapiteleinteilung jenes ersten Entwurfes auch in diese endgültige Fassung des Buches übernommen. Als ich ihr jedoch die Überschrift dieses letzten Kapitels nannte, lächelte sie leicht, als sei ihr etwas Amüsantes eingefallen.

Ich fragte sie, woran sie gerade gedacht habe. Sie antwortete, sie habe sich – als die vollkommene »Behandlung« dieses abschließenden Themas meines Buches – zehn völlig leere Seiten vorgestellt.

Früher oder später erreichen wir immer einen Punkt, wo Worte uns nicht mehr weiterhelfen können. Die geistigen Reiche lassen sich einfach nicht mit den linearen Begriffen umschreiben, die wir in der sprachlichen Kommunikation verwenden. Hier eben wird der direkte Kontakt mit einem Meister zum einzig möglichen Weg, um die subtileren Dimensionen der Meisterschaft kennenzulernen.

Mich reizt allerdings die Herausforderung, und ich möchte versuchen, mein sprachliches Können wenigstens insoweit (vor mir selbst) unter Beweis zu stellen, daß ich die Ausführungen zu diesem Thema auch in Bereiche hinein fortsetze, die andere vielleicht als schlechthin unaussprechlich aussparen würden. Und ich rechne mir insofern gewisse Erfolgschancen dabei aus, als ich an diesem Punkt unseres Zwiegespräches glaube, voraussetzen zu können, daß Sie bereits eine ganze Reihe der Erfahrungen, von denen bislang die Rede war, selbständig erforscht haben. Diese Erfahrungen aber – und das daraus resultierende Verständnis – bieten uns einen gemeinsamen Standpunkt, von dem aus wir unseren Weg bis in die höchsten Aspekte der Meisterschaft hinein gleichsam Hand in Hand fortsetzen können.

Wir werden zunächst eine klar definierte gemeinsame Basis brauchen, damit wir bei unserem Erkundungsgang durch die unwegsameren Regionen des Geistes nicht den festen Boden unter den Füßen verlieren. Eine solche Basis aber besitzen wir bereits in unserer Atmung: Während ich diese Worte schreibe, bin ich mir meines Atems bewußt, und Sie können sich des Ihren bewußt sein, während Sie sie lesen. Damit aber überwinden wir gewissermaßen alle raum-zeitlichen Trennungen und haben – im Geiste – teil an ein und demselben Jetzt.

Doch das ist noch nicht alles. Wir können uns auch auf die uns gemeinsamen elementaren menschlichen Empfindungen stützen, auf unsere spontanen Reaktionen auf den gegenwärtigen Augenblick also, den wir jeweils gerade erleben. Wie uns inzwischen mit einiger Deutlichkeit klargeworden sein dürfte, ist der Impuls zu meistern, der Aneignungstrieb, eine universale Kraft, die im Leben eines jeden von uns ununterbrochen wirksam bleibt. Somit mag uns dieses allgemeine Streben als das eine Kontinuum dienen, in dem alle menschliche Erfahrung zum ewig gegenwärtigen Jetzt verschmelzen kann.

Wenn wir dieser gemeinsamen Basis unserer Erfahrung von Meisterschaft noch etwas weiter auf den Grund gehen, entdekken wir vielleicht tatsächlich einen Geist – oder wie immer Sie dieses Etwas nennen möchten –, der uns alle belebt, sobald wir jegliches Denken fahrenlassen und uns mit der Haltung eines Meisters einer beliebigen Tätigkeit hingeben.

Genau das – und darüber besteht wenigstens für mich kein

Zweifel – ist schon immer und überall auf diesem unseren Planeten das Herz jeder spirituellen Erfahrung gewesen: diese Empfindung des Eintretens in vollkommene, ewige Zeit, die uns dann zuteil wird, wenn wir eine körperliche oder geistige Handlung im Geist der Meisterschaft ausführen.

Alle großen spirituellen Traditionen haben zu allen Zeiten, so gut sie es vermochten, von dieser mystischen Erfahrung gesprochen, in der die Zeit verschwindet und ein Gefühl von Harmonie und Einssein mit dem Universum entsteht.

Ich habe mich im Verlauf dieser ganzen Diskussion darum bemüht, den Prozeß und einzelne Erfahrungen von Meisterschaft in einer möglichst schlichten und praktischen Weise zu betrachten. Doch letzten Endes sind die erhabensten spirituellen Zustände nichts anderes als das: sehr schlichte, praktische Wahrnehmungen, die – eben durch ihre völlige Einfachheit und Natürlichkeit – plötzlich an den Geist rühren, der alles Leben trägt und beseelt.

Wir brauchen nur die letztlich überaus simple Kunst zu meistern, uns der Luft bewußt zu bleiben, die mit jedem neuen Atemzug durch unsere Nase ein- und ausströmt, und dieses Bewußtsein bei allem, was wir ansonsten tun, aufrechtzuerhalten – und wir verwandeln damit jede unsere Tätigkeit in einen Akt der Meisterschaft! *Das* steht für mich völlig außer Zweifel, da ich diesen Prozeß seit über zwanzig Jahren – erst unter der Leitung verschiedener Atem-Meister und später auf eigene Faust – übe und erprobe, und er sich bislang immer ganz genauso ausgewirkt hat.

Ich bin davon überzeugt, daß Worte Ihnen diese Erfahrung, die Sie um einen entscheidenden Schritt tiefer in den Geist der Meisterschaft versetzt, tatsächlich näherbringen können. Die Atmung ist ein so universales und beständiges Geschehen, daß es unserer Aufmerksamkeit genauso entgeht wie die Luft, die wir atmen, die Erde, die uns trägt, das Feuer, das uns wärmt, und die Pflanzen, die den für uns lebensnotwendigen Sauerstoff abgeben: Was könnte ein Fisch schon über das Wasser sagen?

So bedeutet es eine Bewußtseinserweiterung, mit einem Male der Empfindung gewahr zu werden, die die ein- und ausgehende Luft mit jedem Atemzug in unserer Nase verursacht. Dieses Bewußtsein des Luftstroms in der Nase zu einer festen Angewohnheit zu machen ... ? – Die meisten Menschen lachen nur, wenn sie zum ersten Mal vor diese Aufgabe gestellt werden.

Aber das, wonach wir in diesem Buch gesucht haben, war doch der Geist der Meisterschaft, oder? Was beseelt denn einen Menschen, der sich plötzlich, direkt vor unseren Augen, in eine vollendete Bewegung, einen vollkommenen Ton, einen vollkommenen Ausdruck verwandelt? Woher kommt der Impuls, der uns aus unserer eingleisigen Verstandestätigkeit herausreißt und uns – wenigstens für die Dauer eines Augenblicks – die Erfahrung totaler und gleichzeitiger Harmonie mit unseren Bewegungen, unserer Umgebung, unseren inneren Empfindungen und der Unendlichkeit schenkt?

Meisterschaft bedeutet, bewußt und absichtslos zu atmen – so, daß der Atem vollständig an der Wirklichkeit des gegenwärtigen Augenblicks teilhaben kann. Der Atem ist in ständiger Bewegung begriffen, schlägt ständig in sein eigenes Gegenteil um, schwingt fortwährend vollkommen im Einklang mit dem seltsamen Strömen der Zeit im Universum; und durch diese seine unmittelbare und ausgewogene Natur ist unser Atem immer die Stätte, in der wir – gleichgültig, was wir im einzelnen zu meistern versuchen – nach dem Geist der Meisterschaft suchen müssen.

Ich erinnere mich an ein Tarotkarten-Deck aus den sechziger Jahren, den »Morgan's Tarot«, dem damals sehr viele von uns unzählige Intuitionen und Geistesblitze verdankten. Es gab eine bestimmte Karte, auf der mehrere Sterne und Planeten dargestellt waren, die durch den Himmel fliegen, und die Bildunterschrift lautete: »Das Universum entfaltet sich nicht so, wie es sollte.«

Wenn wir ein unveräußerlicher Bestandteil des Universums sind, dann ist das Universum – solange wir nicht vollkommen sind – unvollkommen. Woran liegt es, wenn sich das Universum nicht so entfaltet, wie es sich entfalten sollte?

Wir werden wieder auf das Wort Jesu verwiesen: »Darum sollt ihr vollkommen sein, gleichwie euer Vater im Himmel vollkommen ist.«

Ich habe den Verdacht, daß dies in Wirklichkeit kein *Befehl* war, keine Aufforderung, vollkommen zu *werden;* ich glaube, es war eine schlichte Feststellung: Wir *sind* vollkommen – so, wie wir sind –, weil es im Kontinuum des Universums keine Trennungen, kein Stückwerk gibt. Wenn das Universum vollkommen ist, dann können wir in unserem eigentlichen Wesen selbst auch nicht anders als vollkommen sein.

Der Weg zur Meisterschaft ist in meinen Augen dieser Weg der Erkenntnis, daß wir in unserem natürlichen Zustand in der Tat vollkommen sind – so vollkommen wie die alte Maya-Pfeilspitze, die auf meinem Schreibtisch liegt; so vollkommen wie der Anflug eines Lächelns, der gerade über die Lippen meines Söhnchens huschte, und ganz genauso vollkommen wie Sie, jetzt in diesem Augenblick.

Wenn Sie *jetzt* nicht vollkommen sind, besteht dann irgendeine Hoffnung, daß Sie es jemals werden könnten? Wie kann denn etwas jetzt Unvollkommenes später vollkommen werden?

Wenn wir verwirrt sind, sind wir vollkommen verwirrt. Wenn wir hoffnungslos verhunzt sind, sind wir vollkommen hoffnungslos verhunzt. Wenn wir erst Anfänger auf dem Weg zur Vollkommenheit sind, sind wir vollkommene Anfänger auf dem Weg zur Vollkommenheit.

Ich behaupte, daß die Vollkommenheit deshalb unser ureigenstes Wesen ist, weil jeder von uns ein integraler, unveräußerlicher Bestandteil dieses vollkommenen Universums ist. Es ist mir wohl bewußt, daß sich zahlreiche theologische Argumente gegen diese Auffassung vorbringen ließen, aber ich führe hier keine theologische Diskussion. Gott *Logisches* in die Schuhe schieben zu wollen, habe ich ohnehin schon immer als eine äußerst einengende Weise empfunden, sich dem Göttlichen zu nähern.

Meine Absicht ist eine ganz andere: Ich möchte Ihnen einen möglichst klaren Einblick in die Einstellungen und Denkmuster verschaffen, die Sie in bezug auf die Natur des Universums und die Natur Ihrer selbst hegen – oder auch nicht hegen.

Wenn Sie letztlich *jetzt* schon vollkommen sind, dann hat dieser ganze Prozeß, der »Weg zur Meisterschaft«, einen einzigen Zweck: Ihnen die Tatsache bewußtzumachen, daß Sie wirklich *jetzt* vollkommen sind.

Wir bewundern, schätzen und belohnen die wenigen Individuen, die bei den Olympischen Spielen und ähnlichen sportlichen Wettkämpfen immer größere Leistungen erbringen, immer phantastischere Rekorde aufstellen. Wir betrachten diese Sieger als »Welt-Meister«, als die Verkörperung höchster und vollendeter physischer Leistungsfähigkeit. Doch es könnte einfach sein, daß es sich bei ihnen in Wirklichkeit lediglich um Menschen handelt, die die größten Anstrengungen auf sich nehmen mußten, bloß um zu entdecken, daß sie vollkommen *sind.* Sie stellen Weltrekorde auf – sie springen, laufen oder werfen höher, schneller oder weiter als irgend jemand zuvor; doch schon vier Jahre später kommt die nächste Olympiade, und mit ihr weitere Meister, die es *noch* höher, schneller oder weiter schaffen. Offenbar läßt sich auf diese Art – Körper gegen Stoppuhr oder Metermaß – *keine* absolute Vollkommenheit erzielen.

Erinnern Sie sich noch an das kleine Mädchen, das seine Schnürsenkel erstmals zu einer gelungenen Schleife verknotet hatte? Ich meine, daß *sie* in dieser Tat die Vollkommenheit kennenlernte – es stand ihr direkt im Gesicht geschrieben: Sie hat in diesem Augenblick ihre wahre Natur wiederentdeckt!

Durch dieses Buch möchte ich erreichen, daß wir alle genauso, aber *bewußt,* unsere vollkommene Natur wiederentdekken und sie jedesmal, wenn wir eine neue Stufe der Meisterschaft erklimmen, immer wieder aufs neue entdecken und dadurch den Kontakt zu dieser höchsten menschlichen Seinsweise der Seligkeit und Anmut aufrechterhalten.

So gesehen spielt es überhaupt keine Rolle, was Sie im einzelnen meistern wollen oder welchen Grad der Meisterschaft Sie zu einem beliebigen Zeitpunkt Ihres Lebens erreicht haben. Wichtig ist nur, daß Sie fortfahren, sich immer wieder in Augenblicke bewußter Teilhabe am Geist der Meisterschaft zu versenken.

Was ist das doch für ein schönes Universum, das es dem Menschen ermöglicht, jedesmal, wenn er sich nur die Schuhe zubindet, erleuchtet zu werden! Was ist das für eine herrliche Welt, die uns eine Gelegenheit nach der anderen bietet, im alltäglichen Leben die Erhabenheit meisterhaften Handelns zu erfahren! Was sind wir doch für komische Wesen, die wir so oft vergessen, uns auf diese Quelle der Inspiration, der Freude und All-Einheit zu besinnen!

Hallo, Meister!

Kassettenprogramme zur Meisterschaft

Viele der Techniken und Erinnerungsübungen, mit denen wir uns im Verlauf dieses Buches beschäftigt haben, erweisen sich dann als besonders wirkungsvoll, wenn eine Stimme Ihnen dabei hilft, Ihre Aufmerksamkeit zu konzentrieren und gerichtet zu halten. Ich verwende solche Kassetten seit Jahren mit gutem Erfolg, um Klienten und Freunden die Möglichkeit zu geben, bei sich zu Hause ähnliche »geführte Erfahrungen« zu machen, wie man sie ansonsten nur im Rahmen einer Therapie oder persönlichen Beratung kennenlernen kann.

Die zwei Sitzungen, die ich als Ergänzung dieses »Meisterschafts-Programms« entwickelt habe, sollen Ihnen helfen, sich tiefer in Ihre Erinnerungen an vergangene Erfahrungen zu versenken und Sie gezielt dabei unterstützen, Ihren jetzigen Einstellungen und Gedanken bezüglich Ihres Meisterschaftspotentials auf den Grund zu gehen.

Doch der Nutzen der Kassettenprogramme erschöpft sich nicht in dieser Förderung geistiger Prozesse – der Meditation über vergangene Momente der Vollkommenheit und der Reflexion gegenwärtiger Bewußtseinsinhalte. Sie führen Sie auch durch bestimmte konkrete Bewegungsabläufe, die den Geist der Meisterschaft in Ihnen erwecken können. Wenn eine freundliche, sachkundige Stimme das »Gerüst« der Erfahrung herstellt, kann sich Ihre Aufmerksamkeit um so freier auf das eigentliche Erleben einlassen und sich Stufe um Stufe darin vertiefen. In dieser Form arbeite ich selbst mit meinen Klienten, und es freut mich, Ihnen diese Programme anbieten zu können, mit deren Hilfe Sie zu Hause arbeiten können.

Für diejenigen unter Ihnen, die jetzt zum ersten Mal mit einem meiner Kassettenprogramme konfrontiert werden, sage ich noch ein paar Worte zur Grundidee dieser geführten Sitzungen. Ich halte es für ausgesprochen wichtig, daß der Klient in solchen Sitzungen keinerlei hypnotischen Manipulationen ausgesetzt wird; ebensowenig darf er plötzlich mit Anregungen oder Vorschlägen überrascht werden, die nicht schon im schriftlichen Teil des Programms hinlänglich erörtert worden wären.

Bei der Erstellung der Kassettenprogramme beschränke ich mich ausdrücklich auf Material, das Sie – im Rahmen der Lektüre dieses Buches und durch Ausführung der darin beschriebenen Übungen – bereits kennengelernt haben. Da Ihnen die einzelnen Techniken schon bis zu einem gewissen Grad vertraut sind, können Sie die Kassettensitzungen ausschließlich dazu verwenden, Ihre Erfahrungen zu vertiefen und zu intensivieren.

Wenn ich die Texte für die Kassettenprogramme schreibe, achte ich auch besonders darauf, daß sie nur allgemeine Vorschläge und Hinweise enthalten. Es geht mir dabei nur darum, Ihre Aufmerksamkeit in bestimmte Richtungen zu lenken, niemals aber darum, Ihnen Erfahrungen der einen oder andern Art vorzuschreiben: *Sie* entscheiden in jedem einzelnen Fall über den spezifischen Inhalt Ihrer Erlebnisse.

Durch diese ihre offene Form können die Sitzungen Sie – jedesmal, wenn Sie die Kassette starten und sich eine halbe Stunde Zeit für eine »innere Forschungsreise« nehmen – immer wieder zu neuen Erfahrungen anregen. Ja – diese Kassettenprogramme sollten Ihnen sogar ein Leben lang als allgemeiner Wegweiser für die Erforschung Ihres Meisterschaftspotentials dienen können!

Für die eigentliche Produktion der Programme ist dann eine ganz spezielle Art von Meisterschaft erforderlich – die Fähigkeit nämlich, stundenlang in einem Studio vor leblosen Mikrophonen zu sitzen und trotzdem mit einer warmen, persönlichen, vertrauenerweckenden Stimme zu sprechen. Diese schwierige und verantwortungsvolle Aufgabe, Studioaufnahmen mit echtem Gefühl zu beleben, hat auch diesmal wieder meine langjährige Partnerin Birgitta Steiner übernommen. Doch Birgitta fungiert nicht nur als Sprecherin; sie verfolgt den ganzen Werdegang jedes Buches von Anfang an mit und übt dabei die wichtige Funktion einer ständigen Ratgeberin aus. Sie arbeitet an den Programmtexten sogar noch weit mehr als ich, übersetzt sie ins Deutsche und feilt noch viele viele Stunden lang an ihnen herum, um den Fluß der Worte, die Sie in die innersten Bereiche Ihres Bewußtseins führen sollen, so weit wie möglich zu vervollkommnen.

Birgitta beherrscht die schöne Kunst der gesprochenen Führung weit besser als ich. Wenn wir im Studio sind, spricht sie die Programme. Ich entspanne mich und lasse mich von ihr durch die verschiedenen Übungen leiten. Dadurch erhalten die »Studio-Sessions« die Kraft und Atmosphäre einer Liveaufnahme. Ich kann außerdem direkt feststellen, ob die Aufnahme gelungen ist – da ich ja die Sitzung unmittelbar während der Aufzeichnung miterlebe.

Ich gehe dabei natürlich davon aus, daß der gesprochene Text auf Sie ebensogut wirken wird, wenn Sie sich daheim entspannen und der Aufnahme lauschen, wie er auf mich wirkte, während er aufgenommen wurde!

Birgitta und ich halten den Kassettenteil des Meisterschaftsprogramms für genauso wichtig wie den schriftlichen Teil. Soviele Menschen lesen ein Buch – selbst eines, das wie das vorliegende eigens auf die Vermittlung einer unmittelbaren Erfahrung abzielt – und schaffen es dennoch nicht, sich in angemessener Weise den angebotenen Vorschlägen zu öffnen. Wir alle sind in einem solchen Ausmaße Sklaven unserer genormten Lesegewohnheiten, daß es uns in der Tat oft schwerfällt, ein Buch hinzulegen und uns in unsere inneren Empfindungen und Intuitionen einzustimmen – oder aufzustehen und konkret auszuführen, was uns eben schriftlich empfohlen wurde. Wann immer ich versucht habe, meine therapeutischen Techniken und spirituellen Meditationen durch das alleinige Medium des geschriebenen Wortes zu vermitteln, habe ich diese frustrierende Erfahrung machen müssen.

Früher oder später kommt immer der Zeitpunkt, an dem wir das Buch beiseite legen und uns einer lebendigen Stimme, die uns behutsam in tiefere Bereiche des Bewußtseins führt, überlassen müssen. Bei meinen therapeutischen Sitzungen ist *das* natürlich mein wichtigstes Arbeitsmittel – meine Stimme; deshalb war es mir so wichtig, ein Buch wie dieses mit solchen geführten Sitzungen abschließen und damit erst vollenden zu können.

So hoffe ich, daß Sie diese Bandaufzeichnungen als eine wertvolle Hilfe bei Ihren weiteren Kontaktaufnahmen mit dem Geist der Meisterschaft empfinden mögen. Ich wünsche Ihnen alles Gute und viel Spaß auf diesem niemals endenden Weg, der Sie zu immer höheren und höheren Ebenen alltäglicher Meisterschaft führen wird!

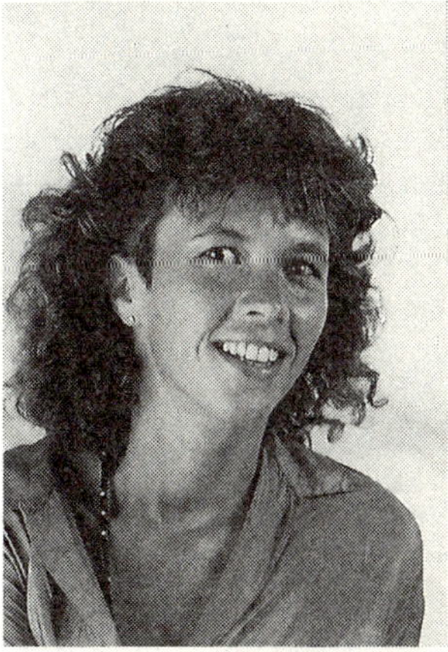

Birgitta Steiner hat als John Selbys Kollegin und als seine Übersetzerin bei Vorträgen und Seminaren in Europa mit ihm zusammengearbeitet. Sie nahm an der Entwicklung des Kassettenbuch-Konzeptes von Anfang an aktiv teil. Neben ihrem ausgezeichneten Verständnis für die Programme John Selbys hat sie die besondere Gabe, mit ihrer Stimme die Hörer sehr sanft in die tieferen Bereiche des Bewußtseins, die sie erkunden möchten, hinabzuführen.

Bei der Kassetten-Produktion haben mitgewirkt:

Sprecherin: Birgitta Steiner
Gitarre: Ottmar Liebert
Toningenieur: Randy Rand
Aufgenommen in den Stepbridge-Kludget Studios, Santa Fe

Von John Selby sind erschienen:

Die Kraft ist in mir
Aktivierung der Lebensenergie
Buch mit Tonkassette; 168 Seiten; ISBN 3-7626-5600-2
Bei vielen Menschen ist die persönliche Kraftquelle oft durch hemmende Verhaltensmuster fast völlig versiegt. Dieses Buch mit Tonkassette zeigt, wie man durch einfache Übungen und Techniken wieder in unmittelbaren Kontakt mit der Quelle der persönlichen Kraft kommt und damit körperliche Vitalität, emotionale Stärke, intuitive Kraft und spirituelle Einsicht erlangt.

Wecke deine Sinne
Ein praktischer Wegweiser zur Erleuchtung durch Wahrnehmung
Buch mit Tonkassette; 112 Seiten; ISBN 3-7626-5603-3
Eine der wichtigsten Techniken, die dem Menschen hilft, sich seiner Sinneseindrücke bewußt zu werden, ist die Technik der »Sinneserweckung«. Meist sind die Menschen auf zwei oder drei Sinne stark fixiert, während die anderen Sinne vernachlässigt werden. John Selby bietet hier ein praktisches Programm, mit dessen Hilfe der Leser zu einer ausgewogenen sinnlichen Erfahrung seines Lebens gelangen kann.

Fühle deine Energie
Intuitive Techniken zur Harmonisierung der Chakras
Buch mit Tonkassette; 128 Seiten; ISBN 3-7626-5604-5
Wenn es uns gelingt, ein bewußtes Gleichgewicht zwischen den primären Energiezentren des Körpers aufrechtzuerhalten, ist unsere Persönlichkeit insgesamt ausgeglichen. Fixieren wir uns aber zu sehr auf das eine oder andere Zentrum, tauchen in unserem Leben bald ernsthafte Probleme auf. *Fühle deine Energie* bietet die notwendige Voraussetzung zu Ihrer Bewußtseinserweiterung. Zusammen mit den Übungen auf der Tonkassette erlangen Sie die Freiheit, mühelos durch die Erfahrung der »manuellen Integration« zu gleiten.

Bauer Ton-Bücherei im Verlag Hermann Bauer · Freiburg im Breisgau

Von John Selby sind erschienen:

Öffne dein Herz
Eine neue Beziehung zu sich selbst und anderen finden
Buch mit Tonkassette; 102 Seiten; ISBN 3-7626-5602-9
In allen spirituellen Überlieferungen taucht als zentrales Element immer wieder das auf, was »der Pfad des Herzens« genannt wird. *Öffne dein Herz* zeigt, wie man einen direkteren Zugang zum eigenen Weg des Herzens eröffnet.

Auf den Flügeln der Phantasie
Innere Reise als Abenteuer
Buch mit Tonkassette; 112 Seiten; ISBN 3-7626-5603-7
Die Phantasiewelten liegen sehr nahe unter der Oberfläche des Bewußtseins. Diese kräftigen Ströme des unbewußten Geistes an die Oberfläche zu bringen und die Phantasie in unser bewußtes Denken einzubauen führt zur Erweiterung der Lebenskraft.

Ich bin die Mitte
Ein Weg zu innerem Gleichgewicht
Buch mit Tonkassette; 120 Seiten; ISBN 3-7626-5601-0
Finden Sie den Weg zu Ihrem persönlichen Zentrum, zu Ihrer eigenen Mitte! Auf der Suche nach Ihrem inneren Gleichgewicht begleiten Sie einfache und doch kraftvolle Übungen.

Frieden beginnt innen
Jenseits der ewigen Jagd nach Glück
Buch mit Tonkassette; 128 Seiten; ISBN 3-7626-5608-8
Meditation, Konzentration auf die Atmung und die Körperwahrnehmung ermöglichen die schrittweise Befreiung von Streßzuständen des Alltags, hin zu entspannten Bewußtseinszuständen des inneren Friedens. Die geistigen Energien werden aus tiefsten Quellen gestärkt.